서울대 한국어

Student's Book 2A

서울대학교 언어교육원

서울대 한국어 2A Student's Book

지은이 서울대학교 언어교육원
편집인 박형만, 양승주, 김지연, Cliff Lee
펴낸곳 (주)투판즈
서울시 강남구 논현로 303
Tel (02)2140-2500
Fax (02)2140-2599
www.twoponds.co.kr
등록 1980년 10월 7일 제2004-000086호
디자인 새담디앤피
초판 1쇄 2013년 5월 10일
50쇄 2025년 6월 1일

ISBN 978-89-539-4948-5

Written by Language Education Institute, Seoul National University
Published by TWOPONDS Co., Ltd.
Designed by SAEDAM D&P

머리말 Preface

〈서울대 한국어 2A Student's Book〉은 한국어 성인 학습자를 위한 정규 과정용(약 200시간) 한국어 교재 시리즈 중 두 번째 책이다. 이 책은 200시간의 한국어 교육을 받았거나 그에 준하는 한국어 능력을 가진 성인 학습자들이 친숙한 일상적 주제와 기능에 대한 언어 구성 능력과 사용 능력을 익혀서, 기본적인 한국어 의사소통 능력을 기르도록 하는 데 목적이 있다. 본 책은 다음과 같은 특징을 가지고 있다.

첫째, 말하기 의사소통 능력 신장에 중점을 두되 구어 학습과 문어 학습이 초급 단계에서부터 긴밀하게 연계되도록 구성하였다. 이를 위해 어휘와 문법의 연습, 대화문 연습, 담화 구성 연습으로 이어지는 단계적 말하기 학습을 도입하여 언어 지식의 학습이 언어 사용 능력 습득으로 자연스럽게 전이되도록 하였다. 또한 듣고 말하기, 읽고 쓰기 연습을 통해 구어와 문어의 통합적 학습이 이루어지게 하였다.

둘째, 실제적인 과제를 수행하는 과정에서 학습한 언어 지식을 충분히 활용하고 학습자 간 유의미한 상호 작용이 활발하게 이루어지도록 구성하였다. 다양한 유형의 과제를 제시하고 필요한 경우 활동지를 별도로 제공하였다. 또한 원활한 과제 수행이 이루어질 수 있도록 교사용 과제 도움말을 멀티미디어 학습 자료에 제공하였다.

셋째, 어휘 및 문법, 발음 학습이 체계적으로 이루어지도록 구성하였다. 어휘는 각 과의 주제와 연계하여 의미장을 중심으로 제시함으로써 효율적인 어휘 학습이 가능하게 하였다. 또한 문법 항목의 의미와 용법에 대한 핵심적인 기술을 예문과 함께 제시함으로써 종래 한국어 교재에 부족했던 문법 기술 부분을 보강하고자 하였다. 이를 위해 문법 해설을 부록에 별도로 제공하여 목표 문법에 대한 학습자의 이해를 도울 수 있게 하였다. 발음은 해당 과와 관련된 개별음의 발음, 음운 규칙, 억양 등을 연습하여 발음의 정확성 및 유창성을 익히도록 하였다.

넷째, 문화 영역 학습이 수업에서 원활하게 이루어질 수 있도록 구성하였다. 이를 위해 그림, 사진 등의 시각 자료를 활용하거나 학습자의 숙달도가 고려된 간략한 설명으로 한국 문화 정보를 제시하였다. 또한 문화 상호주의적 관점에서 학습자 간 문화에 대해서 공유하는 기회를 가지도록 하였으며, 한국 문화에 대한 심화된 이해를 돕기 위해 부록에 문화 해설을 별도로 제시하였다.

다섯째, 멀티미디어 학습 자료를 함께 제공하여 수업용으로뿐만 아니라 자율 학습용으로도 사용하도록 하였다. 멀티미디어 학습 자료에는 어휘 및 문법의 간단한 연습, 말하기 연습, 읽기 텍스트 및 듣기 지문, 어휘 및 문법 목록, 오디오 파일, 수업용 보조 자료 등이 제공되어 예습과 복습에 효과적으로 이용할 수 있게 하였다.

여섯째, 영어 번역을 병기하여 영어권 학습자의 빠른 의미 이해가 가능하도록 하였다. 말하기 1 · 2 대화문, 문법 해설, 문화 해설 등에 번역을 함께 제공하였으며 각종 지시문, 새 단어 등에도 번역을 병기하였다.

일곱째, 사진, 삽화 등의 시각 자료를 풍부하게 제공하여 실제적이고 흥미 있는 학습이 가능하도록 하였다. 내용을 이해하는 데 도움이 되는 시각 자료를 통해 의미와 상황을 정확하게 전달하고 학습자의 흥미를 유발함으로써 학습 효과를 높이고자 하였다.

이 책이 완성되기까지 많은 분들의 노력과 수고가 있었다. 무엇보다도 오랜 기간에 걸쳐 집필 및 출판 과정에 참여한 교재개발위원회 선생님들의 헌신으로 책이 만들어질 수 있었다. 또한 2012년 겨울학기에 직접 수업에서 사용하면서 꼼꼼하게 수정해 주신 신경선, 현혜미, 이현의, 이소영, 서경숙, 김종호, 이수미, 이슬비 선생님, 정확한 발음으로 녹음을 해 주신 성우 임채헌, 윤미나 선생님께 감사를 드린다. 아울러 책이 출판되기까지 오랜 기간 동안 작업을 도와주신 투판즈의 사장님과 도현정 부장님, 박형만 편집팀장님, 양승주 대리님, 김지연 주임님을 비롯한 편집진 여러분께도 고마운 마음을 전한다.

2013. 5.
서울대학교 언어교육원
원장 정 상 준

Preface 머리말

<Seoul National University Korean Language 2A Student's Book> is the second volume in the multi-level series developed to be used in a regular program (about 200 hours of class work) for adult learners of the Korean language. The primary goal of this book is to help novice learners of the Korean language who have already had 200 hours training, so that they may build core communicative competence by developing their ability to construct language about topics of interest and apply language in real life situations. The key features of this book follow.

This textbook is carefully coordinated to link spoken language and written language while focusing on the development of communicative language skills. It utilizes a step-by-step approach consisting of vocabulary and grammar practice, controlled conversation practice, and open-ended interaction. Through this approach, knowledge about language transfers to real language use. In addition, 'Listening and Speaking' and 'Reading and Writing' sections integrate spoken language and written language learning.

A task-based approach maximizes the use of linguistic knowledge and encourages meaningful interaction between learners. Various types of tasks are introduced and activity sheets are provided as needed. The multimedia content offers detailed direction to assist instructors in managing class activities.

A systematic approach to learning vocabulary, grammar and pronunciation is adopted. Carefully selected vocabulary relating to the topic of each unit is meaningfully presented to learners increasing efficacy. In-depth descriptions with example sentences explain the meaning and usage of grammatical items and reinforce grammar concepts. The Grammar Extension presented at the back of the book as appendix aids learners' comprehension of target grammar. The Pronunciation section also promotes accuracy and fluency with lessons for individual sounds, phonological rules, and intonation.

This textbook is designed to actively integrate culture with classroom instruction. Cultural information is delivered by visual aids such as pictures and photographs, and level tailored concise explanations. This book also provides learners with opportunities for meaningful language production by sharing their own experiences interculturally. The appendix further extends the understanding of Korean culture.

The text includes the multimedia content that can be used in the classroom as well as independently, as an effective tool for previewing and reviewing. It contains simple exercises for vocabulary and grammar, speaking practices, reading texts, transcripts, vocabulary and grammar lists, audio files, and supplementary materials for classroom use.

Korean and English translations help English-speaking learners understand quickly. English translation is offered for Speaking 1, 2 dialogues, Grammar Extension, Culture Extension, exercise instructions, and new vocabulary.

Abundant visual aids such as photographs and illustrations make learning more realistic and enjoyable. Visual aids clearly enhance learning efficacy and increase learners' interest by delivering information on situations and meanings.

We wish to express our sincere gratitude to all who contributed to this project. We would particularly like to thank all instructors from the textbook development committee. Without their dedication and effort, this textbook would not have been possible. Also, we would like to thank the following instructors for their help in piloting materials and making suggestions during the Winter session 2012: Shin Kyungsun, Hyun Haemi, Lee Hyuneui, Lee Soyoung, Suh Kyungsook, Kim Jongho, Lee Sumi, Lee Seulbi. In addition, we would like to thank Lim Chaeheon and Yoon Mina for their audio recordings. Finally, we would like to extend our gratitude to the CEO of TWOPONDS, Director Do Hyunjeong, Editorial Manager Park Hyungman, Mr. Yang Seungju, Ms. Kim Jiyeon and all other editorial staff members for their generous support in having this volume published.

May 2013
Jeong Sangjun
Executive Director
Language Education Institute, Seoul National University

일러두기 How to use this book

서울대 한국어 2A Student's Book은 1~9과로 구성되어 있다. 각 과는 '어휘, 문법과 표현 1 · 2, 말하기 1 · 2, 듣고 말하기, 읽고 쓰기, 과제, 문화 산책, 발음, 자기 평가'로 이루어져 있으며 한 과는 8시간 수업용으로 구성되었다. 세부 내용은 다음과 같다.

The Seoul National University Korean 2A Student's Book is comprised of 9 units. Each unit spans 8 hours of instruction divided into sections entitled and emphasizing: Vocabulary, Grammar and Expression 1 and 2, Speaking 1 and 2, Listening and Speaking, Reading and Writing, Task, Culture Note, Pronunciation, and Self-Check. A detailed explanation follows.

과의 주제와 관련된 상황을 사진으로 제시하여 학습 내용을 추측할 수 있도록 한다.

Photographs illustrating the unit topics allow students to visually orient themselves toward the learning content.

학습 목표 Learning Goals

영역별 학습 목표와 내용을 제시한다.

Learning Goals present the content and objectives of each unit by section.

일러두기 How to use this book

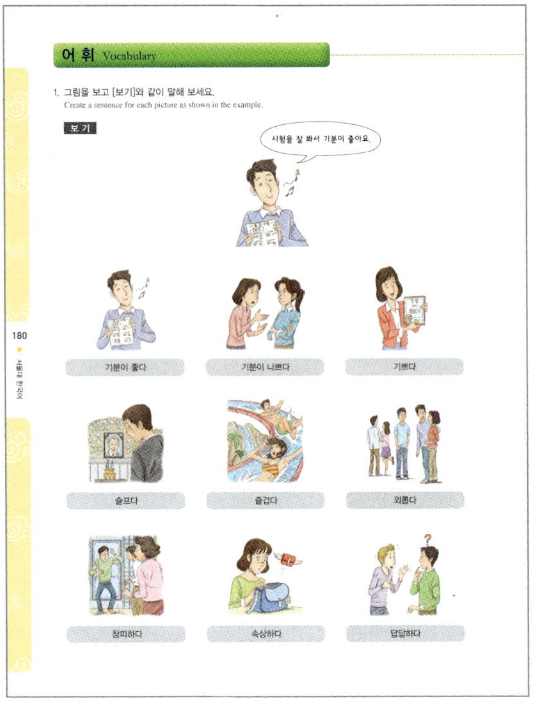

- **어휘 Vocabulary**

주제 어휘를 범주별로 모아 의미를 유추할 수 있는 그림이나 문제와 함께 제시한다.

The Vocabulary section introduces key lexical items by category accompanied by analogic pictures.

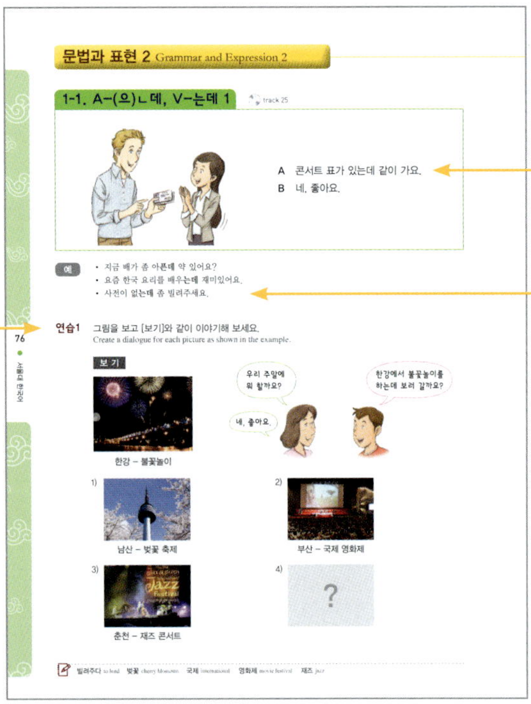

- **문법과 표현 Grammar and Expression**

예시 대화, 예문, 유의미한 연습으로 구성된다.

The Grammar and Expression section offers key dialogues, example sentences, and meaningful exercises.

예시 대화

목표 문법이 사용되는 전형적인 대화를 삽화와 함께 제시한다.

Target grammar is presented with model dialogues accompanied by illustrations.

예문

목표 문법의 의미를 이해하고 형태 변화를 알 수 있도록 예문을 제시한다.

Example sentences model the meanings and form changes of target grammar items.

연습1

워크북의 통제 연습 이후 유의미한 연습을 통해 문법 사용 능력으로 연계되도록 한다.

Exercise 1 offers relevant exercises connected to controlled practice provided in the workbook, and develops students' ability to correctly use the target grammar.

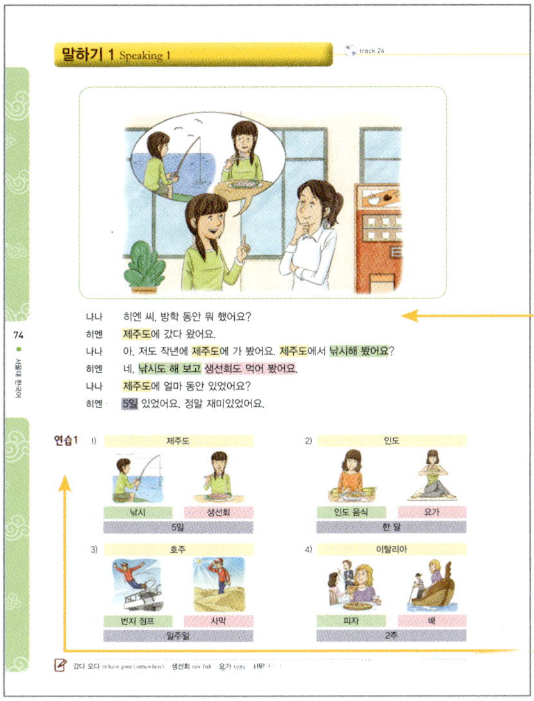

- 말하기 Speaking

대화문, 교체 연습, 담화 연습으로 구성된다.

The Speaking section presents example dialogues, substitution dialogues, and discourse extension practice.

대화문

주제 어휘와 목표 문법을 포함한 대화문으로 의사소통 기능을 학습하도록 한다.

Dialogues include key vocabulary items and target grammar to build communicative skill.

연습1

어휘와 표현을 교체하면서 대화문을 익히는 연습을 하도록 한다.

Exercise 1 presents opportunity to practice new dialogues through the substitution of vocabulary and expressions.

연습2

대화문을 바탕으로 하여 구어 담화를 구성하는 연습을 하도록 한다.

Exercise 2 presents opportunity to create a new original dialogues based on the model dialogues.

일러두기 How to use this book

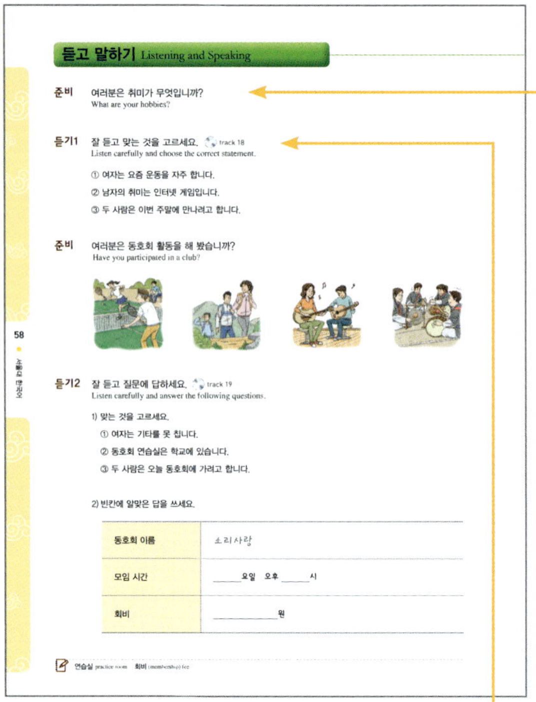
듣고 말하기 Listening and Speaking

준비 여러분은 취미가 무엇입니까?
What are your hobbies?

듣기1 잘 듣고 맞는 것을 고르세요. track 18
Listen carefully and choose the correct statement.

① 여자는 요즘 운동을 자주 합니다.
② 남자의 취미는 인터넷 게임입니다.
③ 두 사람은 이번 주말에 만나려고 합니다.

준비 여러분은 동호회 활동을 해 봤습니까?
Have you participated in a club?

듣기2 잘 듣고 질문에 답하세요. track 19
Listen carefully and answer the following questions.

1) 맞는 것을 고르세요.
① 여자는 기타를 못 칩니다.
② 동호회 연습실은 학교에 있습니다.
③ 두 사람은 오늘 동호회에 가려고 합니다.

2) 빈칸에 알맞은 답을 쓰세요.

동호회 이름	소리사랑
모임 시간	____요일 오후 ____시
회비	________원

연습실 practice room 회비 (membership) fee

58

• 듣고 말하기 Listening and Speaking

'준비', '듣기 1 · 2', '말하기'로 구성된다.

The Listening and Speaking section offers Preparation, Listening 1, 2, and Speaking activities.

준비

듣기 전 단계로, 내용을 예측할 수 있는 질문, 어휘나 표현 등을 점검할 수 있는 삽화나 사진을 제시한다.

The Preparation section offers a pre-listening that previews the content of the listening passage providing schema activation, and utilizes illustrations or photographs to supplement vocabulary and expressions.

듣기

듣기 단계로, 들은 내용에 대한 확인 문제를 제시한다.

The Listening section presents a task with a comprehension check.

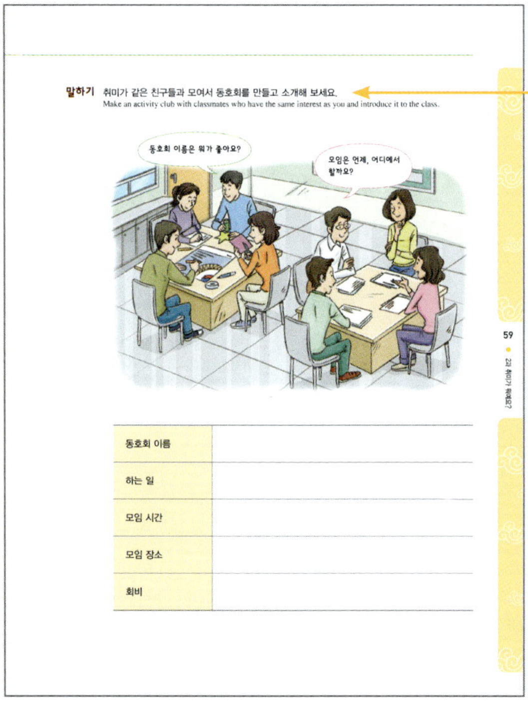
말하기 취미가 같은 친구들과 모여서 동호회를 만들고 소개해 보세요.
Make an activity club with classmates who have the same interest as you and introduce it to the class.

동호회 이름	
하는 일	
모임 시간	
모임 장소	
회비	

59

말하기

들은 후 단계로, 듣기의 주제 및 기능과 연계된 담화를 구성하도록 한다.

The Speaking section offers a follow-up task through which to construct conversations related to the theme and function of the listening task.

• 읽고 쓰기 Reading and Writing

'준비', '읽기', '쓰기'로 구성된다.

The Reading and Writing section provides Preparation, Reading, and Writing task.

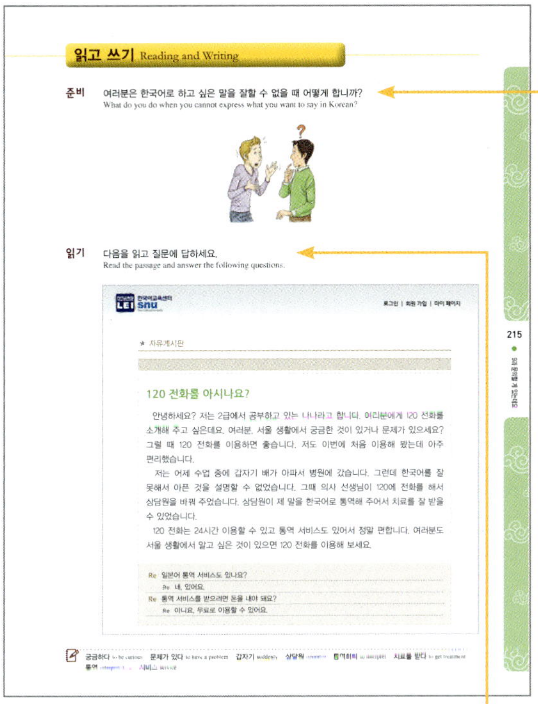

읽고 쓰기 Reading and Writing

준비 여러분은 한국어로 하고 싶은 말을 잘할 수 없을 때 어떻게 합니까?
What do you do when you cannot express what you want to say in Korean?

읽기 다음을 읽고 질문에 답하세요.
Read the passage and answer the following questions.

한국어교육센터 LEI snu 로그인 | 회원 가입 | 마이 페이지

★ 자유게시판

120 전화를 아시나요?

안녕하세요? 저는 2급에서 공부하고 있는 나나라고 합니다. 여러분에게 120 전화를 소개해 주고 싶은데요. 여러분, 서울 생활에서 궁금한 것이 있거나 문제가 있으세요? 그럴 때 120 전화를 이용하면 좋습니다. 저도 이번에 처음 이용해 봤는데 아주 편리했습니다.

저는 어제 수업 중에 갑자기 배가 아파서 병원에 갔습니다. 그런데 한국어를 잘 못해서 아픈 것을 설명할 수 없었습니다. 그때 의사 선생님이 120에 전화를 해서 상담원을 바꿔 주었습니다. 상담원이 제 말을 한국어로 통역해 주어서 치료를 잘 받을 수 있었습니다.

120 전화는 24시간 이용할 수 있고 통역 서비스도 있어서 정말 편합니다. 여러분도 서울 생활에서 알고 싶은 것이 있으면 120 전화를 이용해 보세요.

Re 일본어 통역 서비스도 있나요?
Re 네, 있어요.
Re 통역 서비스를 받으려면 돈을 내야 돼요?
Re 아니요, 무료로 이용할 수 있어요.

궁금하다 to be curious 문제가 있다 to have a problem 갑자기 suddenly 상담원 counselor 통역하다 to interpret 치료를 받다 to get treatment 통역 interpret 서비스 service

215

준비

읽기 전 단계로, 읽을 내용을 예측할 수 있는 질문, 어휘나 표현 등을 점검할 수 있는 삽화나 사진 등을 제시한다.

The Preparation section offers a pre-reading that previews the content of the reading passage providing schema activation, and utilizes illustrations or photographs to supplement vocabulary and expressions.

읽기

읽기 단계로, 학습자의 수준에 맞는 실제적이고 다양한 종류의 글을 읽은 내용에 대한 확인 문제와 함께 제시한다.

The Reading section presents practical and learner-level matched texts with a comprehension check.

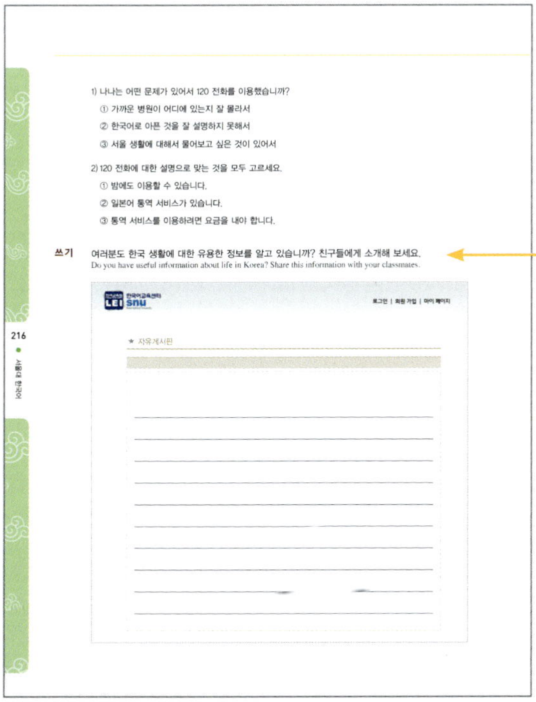

1) 나나는 어떤 문제가 있어서 120 전화를 이용했습니까?
① 가까운 병원이 어디에 있는지 잘 몰라서
② 한국어로 아픈 것을 잘 설명하지 못해서
③ 서울 생활에 대해서 물어보고 싶은 것이 있어서

2) 120 전화에 대한 설명으로 맞는 것을 모두 고르세요.
① 밤에도 이용할 수 있습니다.
② 일본어 통역 서비스가 있습니다.
③ 통역 서비스를 이용하려면 요금을 내야 합니다.

쓰기 여러분도 한국 생활에 대한 유용한 정보를 알고 있습니까? 친구들에게 소개해 보세요.
Do you have useful information about life in Korea? Share this information with your classmates.

한국어교육센터 LEI snu 로그인 | 회원 가입 | 마이 페이지

★ 자유게시판

216 서울대 한국어

쓰기

쓰기와 통합한 읽은 후 단계로, 읽기 텍스트와 유사한 종류의 글쓰기 활동이 이루어지도록 한다.

The Writing section, as a follow-up task, uses the reading text as a model for writing to produce a similar text.

일러두기 How to use this book

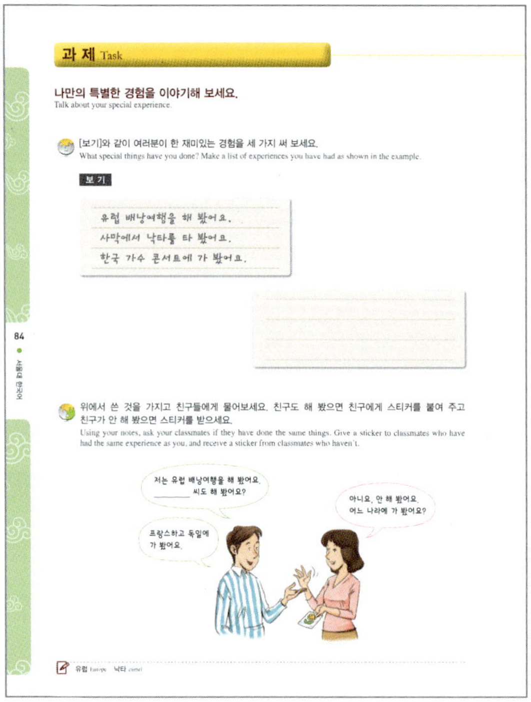
과 제 Task

나만의 특별한 경험을 이야기해 보세요.
Talk about your special experience.

[보기]와 같이 여러분이 한 재미있는 경험을 세 가지 써 보세요.
What special things have you done? Make a list of experiences you have had as shown in the example.

보 기
유럽 배낭여행을 해 봤어요.
사막에서 낙타를 타 봤어요.
한국 가수 콘서트에 가 봤어요.

위에서 쓴 것을 가지고 친구들에게 물어보세요. 친구도 해 봤으면 친구에게 스티커를 붙여 주고 친구가 안 해 봤으면 스티커를 받으세요.
Using your notes, ask your classmates if they have done the same things. Give a sticker to classmates who have had the same experience as you, and receive a sticker from classmates who haven't.

84

• 과제 Task

3~4 단계에 걸친 단계적 활동으로 구성된다. 과제 수행 중의 상호작용을 통해 어휘와 문법을 활성화하고 언어 사용의 유창성을 높이도록 한다.

The Task section is composed of 3 or 4 step-by-step activities, providing opportunity to communicate using vocabulary and grammar learned in the unit, and helps build fluency.

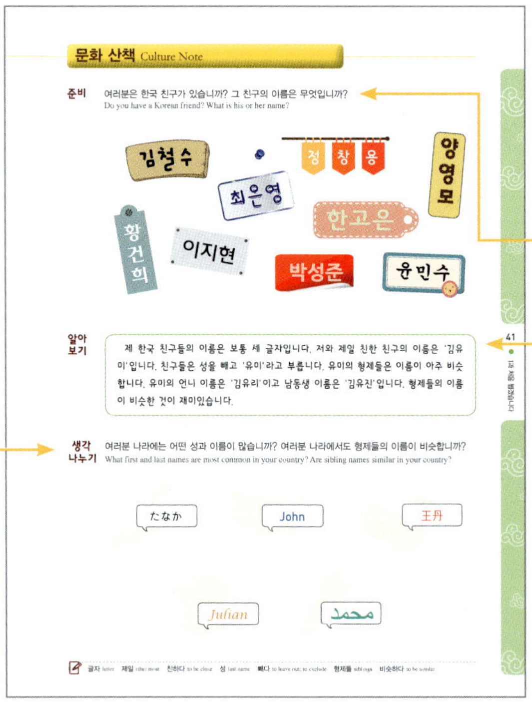
문화 산책 Culture Note

준비 여러분은 한국 친구가 있습니까? 그 친구의 이름은 무엇입니까?
Do you have a Korean friend? What is his or her name?

알아보기 제 한국 친구들의 이름은 보통 세 글자입니다. 저와 제일 친한 친구의 이름은 '김유미'입니다. 친구들은 성을 빼고 '유미'라고 부릅니다. 유미의 형제들은 이름이 아주 비슷합니다. 유미의 언니 이름은 '김유리'이고 남동생 이름은 '김유진'입니다. 형제들의 이름이 비슷한 것이 재미있습니다.

생각 나누기 여러분 나라에는 어떤 성과 이름이 많습니까? 여러분 나라에서도 형제들의 이름이 비슷합니까?
What first and last names are most common in your country? Are sibling names similar in your country?

41

• 문화 산책 Culture Note

'준비', '알아보기', '생각 나누기'로 구성된다.

The Culture Note section offers Preparation, Presentation, and Idea Sharing.

준비

문화 항목의 내용과 관련된 질문이나 삽화, 사진 등을 제시한다.

The Preparation section presents questions, illustrations, or photographs related to cultural content.

알아보기

과의 주제와 관련 있는 한국 문화 내용을 그림, 간단한 설명 등으로 제시한다.

The Presentation section presents Korean cultural content related to the topic of the unit, illustrated, and with a short note.

생각 나누기

한국 문화와 학습자 모국의 문화를 문화 상호주의적 관점에서 비교해 보도록 한다.

The Idea Sharing section provides opportunity to make intercultural comparisons of Korean culture.

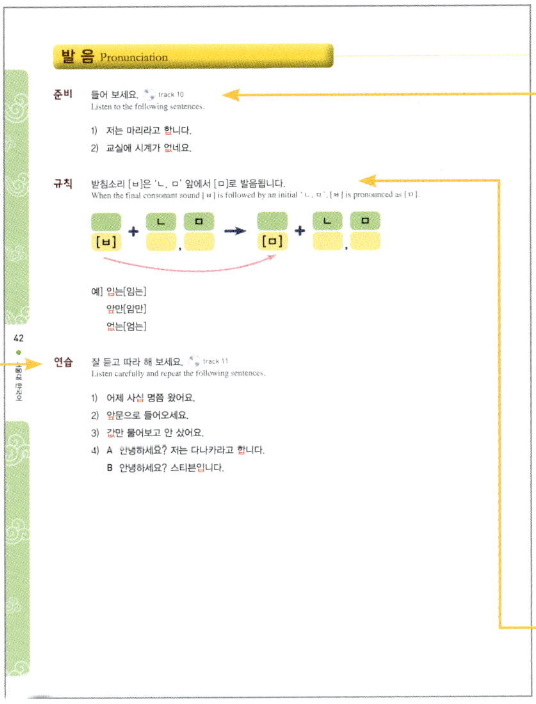

발 음 Pronunciation

준비 들어 보세요. track 10
Listen to the following sentences.

1) 저는 마리라고 합니다.
2) 교실에 시계가 없네요.

규칙 받침소리 [ㅂ]은 'ㄴ, ㅁ' 앞에서 [ㅁ]로 발음됩니다.
When the final consonant sound [ㅂ] is followed by an initial 'ㄴ, ㅁ', [ㅂ] is pronounced as [ㅁ].

예) 입는[임는]
앞만[암만]
없는[엄는]

연습 잘 듣고 따라 해 보세요. track 11
Listen carefully and repeat the following sentences.

1) 어제 사십 명쯤 왔어요.
2) 앞문으로 들어오세요.
3) 값만 물어보고 안 샀어요.
4) A 안녕하세요? 저는 다나카라고 합니다.
B 안녕하세요? 스티븐입니다.

42

• 발음 Pronunciation

'준비', '규칙', '연습'으로 구성된다. 과의 어휘나 문법과 관련 있는 음운 현상을 연습하도록 한다.

The Pronunciation section offers a Warm-up, Rule Presentation, and Practice of the phonological rules related to specific vocabulary and grammar forms taught in each unit.

준비

목표 발음이 포함된 어구나 문장을 들어 보고 학습할 내용을 인지하도록 한다.

The Preparation section presents opportunity to listen to phrases or sentences that include target pronunciation.

규칙

발음 규칙을 도식화하여 제공한다.

The Rules section presents pronunciation rules clearly and diagrammatically.

연습

규칙을 내재화하기 위해 듣고 따라하는 연습을 하도록 한다.

The Practice section offers opportunity to listen and repeat sentences to internalize pronunciation rules.

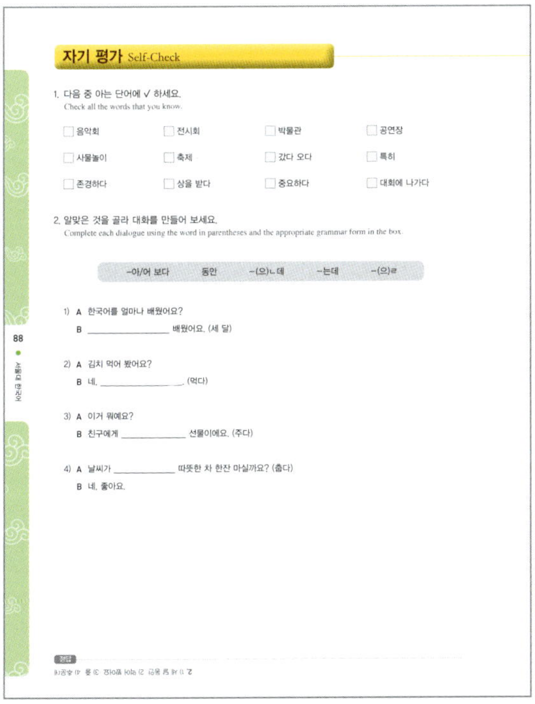

자기 평가 Self-Check

1. 다음 중 아는 단어에 ✓ 하세요.
Check all the words that you know.

□ 음악회	□ 전시회	□ 박물관	□ 공연장
□ 사물놀이	□ 축제	□ 갔다 오다	□ 특히
□ 존경하다	□ 상을 받다	□ 중요하다	□ 대회에 나가다

2. 알맞은 것을 골라 대화를 만들어 보세요.
Complete each dialogue using the word in parentheses and the appropriate grammar form in the box.

-아/어 보다 동안 -(으)ㄴ데 -는데 -(으)ㄹ

1) A 한국어를 얼마나 배웠어요?
B ____________ 배웠어요. (세 달)

2) A 김치 먹어 봤어요?
B 네, ____________. (먹다)

3) A 이거 뭐예요?
B 친구에게 ____________ 선물이에요. (주다)

4) A 날씨가 ____________ 따뜻한 차 한잔 마실까요? (춥다)
B 네, 좋아요.

88

• 자기 평가 Self-Check

어휘와 문법을 중심으로 학습자 스스로 학습 정도를 점검하도록 한다.

The Self-Check section ends each unit with a review of grammar and vocabulary.

일러두기 How to use this book

• 부록 Appendix

'활동지', '문법 해설', '문화 해설', '듣기 지문', '모범 답안', '어휘 색인'으로 구성된다.

The Appendix includes Activity Sheets, Grammar Extension, Culture Extension, Listening Scripts, Answer Key, and Glossary.

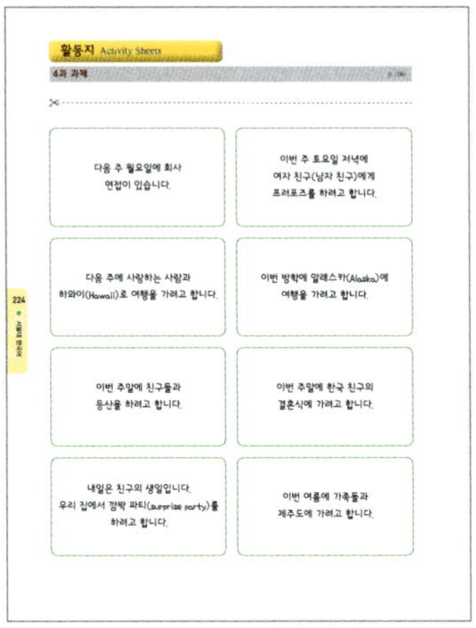

활동지 Activity Sheets

4과 과제

다음 주 월요일에 회사 면접이 있습니다.	이번 주 토요일 저녁에 여자 친구(남자 친구)에게 프러포즈를 하려고 합니다.
다음 주에 사랑하는 사람과 하와이(Hawaii)로 여행을 가려고 합니다.	이번 방학에 알래스카(Alaska)에 여행을 가려고 합니다.
이번 주말에 친구들과 등산을 하려고 합니다.	이번 주말에 한국 친구의 결혼식에 가려고 합니다.
내일은 친구의 생일입니다. 우리 집에서 깜짝 파티(surprise party)를 하려고 합니다.	이번 여름에 가족들과 제주도에 가려고 합니다.

활동지

연습이나 과제 활동 등에 필요한 활동지를 제공한다.

Activity sheets for exercises or tasks are provided.

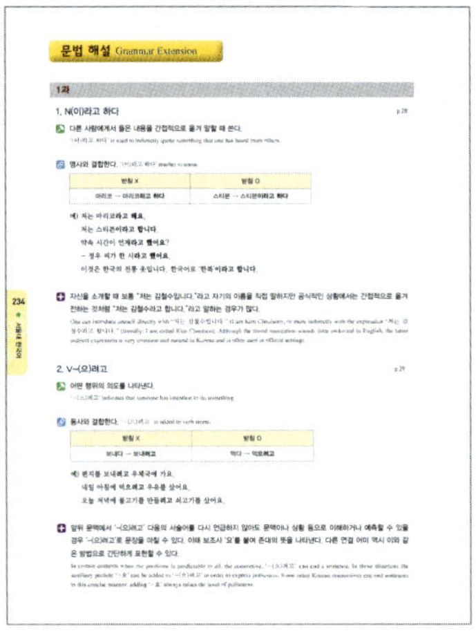

문법 해설 Grammar Extension

문법 해설

'문법과 표현'에서 학습한 문법에 대한 해설을 제공한다. 의미 정보, 결합 정보, 형태 교체를 보여 주는 예문 및 사용상 유의점을 정리하여 학습자의 문법에 대한 이해를 돕고 오류 생성을 줄일 수 있도록 한다.

The Grammar Extension section provides in-depth descriptions of grammar learned from the 'Grammar and Expression' section in each unit, promoting grammar comprehension and reducing errors by providing information on meanings and conjugations with example sentences and grammar notes.

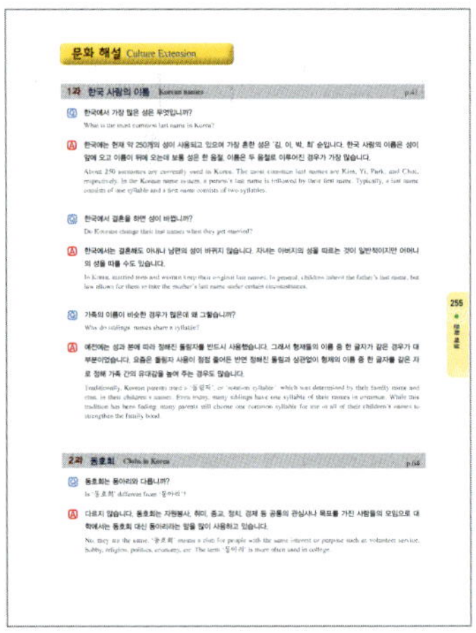

문화 해설 Culture Extension

문화 해설

'문화 산책'에서 제시한 문화 내용에 대한 학습자의 이해를 돕기 위해 질의응답 형식의 해설을 제공한다.

The Q & A section adds in-depth cultural information to that presented in the 'Culture Note'.

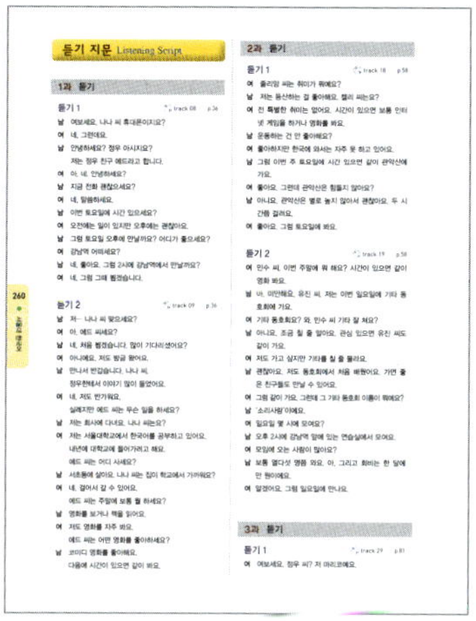

듣기 지문

'듣고 말하기'의 듣기 지문을 제공한다.

Transcriptions for listening passages in 'Listening and Speaking' are provided.

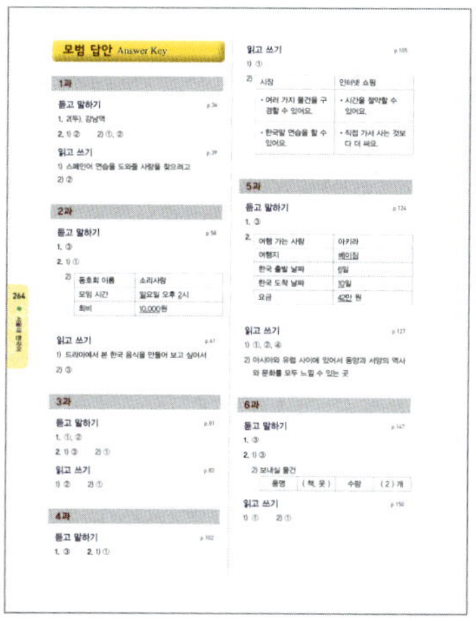

모범 답안

'듣고 말하기', '읽고 쓰기'의 문제에 대한 답을 제공한다.

Answer key for comprehension checks in 'Listening and Speaking' and 'Reading and Writing' are provided.

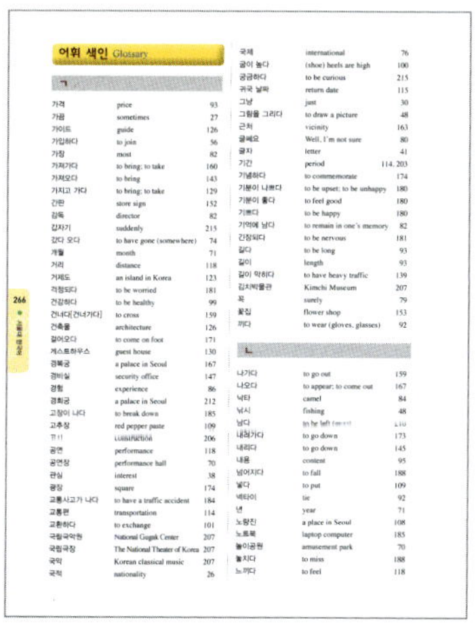

어휘 색인

교재에 나오는 모든 어휘를 출현한 페이지와 함께 제시한다.

A list is provided of all the vocabulary in the textbook, with page number.

일러두기 How to use this book

• 멀티미디어 학습 자료

'어휘', '문법과 표현'의 예문 및 연습 문제, '말하기 1 · 2'의 대화문, 듣기 지문, 읽기 텍스트, 오디오 파일, 사진 및 동영상 등의 보조 자료, 교사용 과제 도움말 등을 제공한다.

The multimedia content furnishes example sentences and exercises for the Vocabulary and Grammar and Expression sections, dialogues for the Speaking 1 and 2 sections, as well as transcripts, reading texts, audio files, supplementary materials such as photographs and movie clips, and helpful tips for instructors.

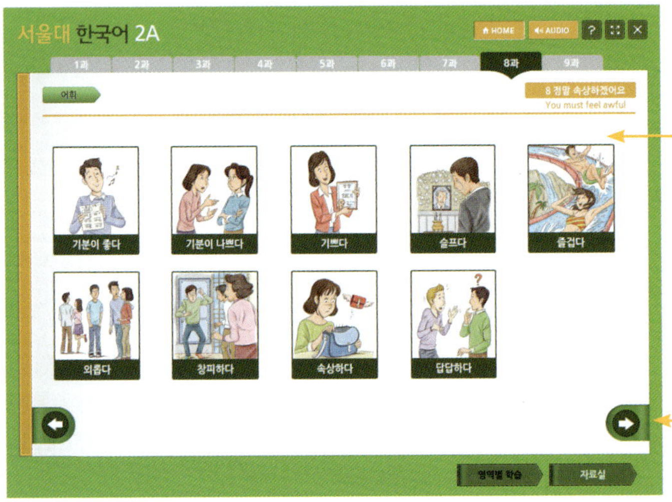

주제 어휘를 오디오 파일과 함께 확인할 수 있다.

The Vocabulary section provides opportunity to check key lexical items with audio files.

줄긋기, 메모리 게임 등의 활동을 통해 어휘를 학습할 수 있다.

Vocabulary can be practiced through activities such as matching or memory games.

'문법과 표현'의 주요 내용을 학습할 수 있다.

The Grammar and Expression section presents core information on those items.

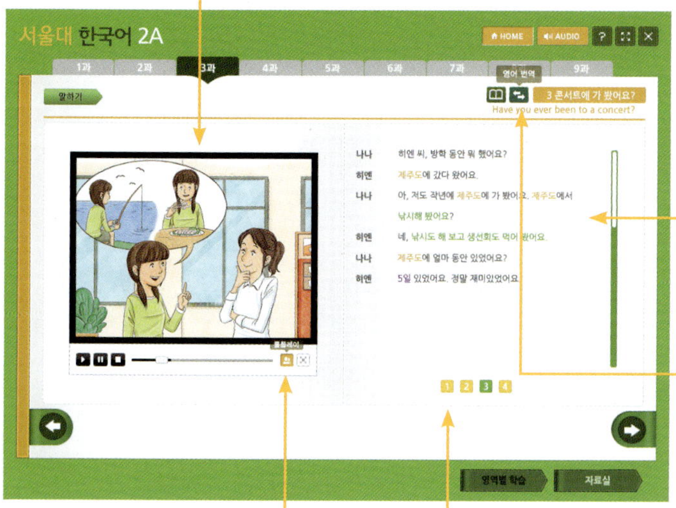

애니메이션으로 구현된 말하기 대화를 들을 수 있다.

The Speaking section provides animated dialogues.

'말하기' 대화문을 볼 수 있다.

This section provides texts for dialogues.

영어 번역을 확인할 수 있다.

This function offers English translations.

'말하기' 대화를 역할극으로 할 수 있다.

This function allows for role-plays.

'말하기' 연습 1의 교체된 대화문을 볼 수 있다.

This function shows substituted dialogues for Exercise 1.

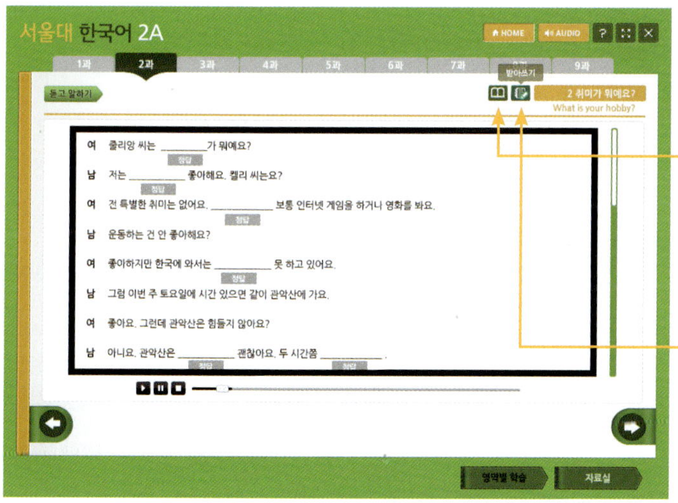

듣기 지문을 보면서 들을 수 있다.

The Listening section provides transcripts and audio files.

들으면서 받아쓰기 연습을 할 수 있다.

This function offers dictation exercises.

일러두기 How to use this book

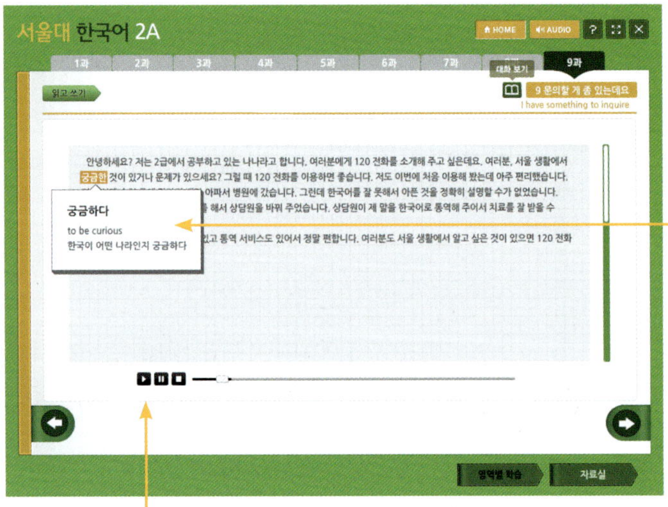

새 단어의 뜻과 예문을 확인할 수 있다.
The pop-up assistant offers definitions of new vocabulary with example sentences when a word is highlighted.

읽기 텍스트의 내용을 들어 볼 수 있다.
This function allows the text to be heard.

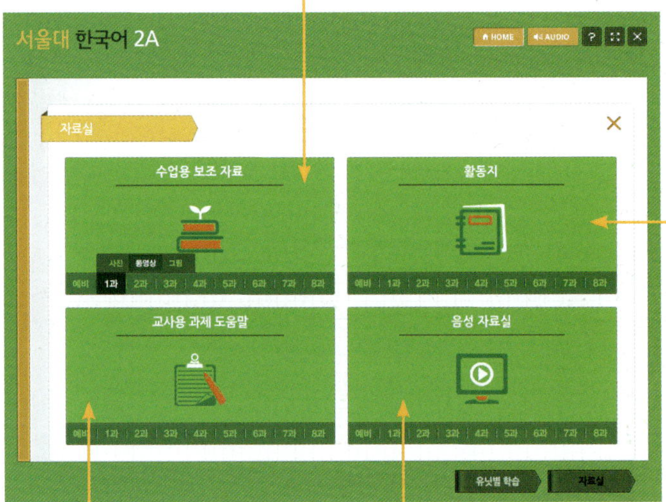

사진, 동영상 등의 수업용 보조 자료를 제공한다.
The Reference Room provides supplementary materials such as photographs and video clips.

과제용 활동지를 제공한다.
Activity Sheets are provided for the Task section.

과제 운영을 위한 교사용 도움말을 제공한다.
Helpful tips for the Task section are provided for instructors.

오디오 파일을 모두 mp3 파일로 제공한다.
Mp3 audio files are provided.

차례 Contents

교재 구성표 Scope and Sequence

단원 Unit	말하기 Speaking	듣고 말하기 Listening and Speaking	읽고 쓰기 Reading and Writing
1과 처음 뵙겠습니다 How do you do?	• 자기소개하기 Introducing yourself • 주말에 하는 일 설명하기 Talking about weekend routines	• 약속 정하는 전화 대화 듣기 Listening to a telephone conversation about making plans • 소개받은 사람에게 자기소개하기 Introducing yourself to a person who has been introduced to you	• 외국어 도우미 찾는 글 읽기 Reading a flyer looking for a foreign language tutor • 한국어 도우미 찾는 글 쓰기 Writing a flyer to find a Korean language tutor
2과 취미가 뭐예요? What is your hobby?	• 취미에 대해 말하기 Talking about hobbies • 동호회 활동 소개하기 Introducing club activities	• 동호회 활동에 대한 대화 듣기 Listening to conversations about club activities • 동호회 만들고 소개하기 Making an activity club and introducing it	• 취미 소개하는 블로그 글 읽기 Reading a blog about hobbies • 취미 소개하는 블로그 글 쓰기 Writing a blog about hobbies
3과 콘서트에 가 봤어요? Have you ever been to a concert?	• 경험 표현하기 Talking about experiences • 제안하기와 거절하기 Making a suggestion & Declining a suggestion	• 장소 소개하는 대화 듣기 Listening to a conversation about a place • 장소 소개하기 Talking about a place	• 경험에 대한 글 읽기 Reading about experiences • 경험에 대한 글 쓰기 Writing about experiences
4과 옷이 좀 큰 것 같아요 The clothes seem a little too big	• 물건 사기 Buying items • 물건 교환하기 Exchanging purchases	• 상품 교환하는 대화 듣기 Listening to a conversation about an item exchange • 상품 교환 요청하기 Requesting an exchange	• 쇼핑에 대한 글 읽기 Reading a passage about shopping • 쇼핑에 대한 글 쓰기 Writing a passage about shopping
5과 어디에 가면 좋을까요? Where would be a good place to go?	• 여행지 추천하기 Recommending travel destinations • 여행 상품 알아보기 Finding out about package tours	• 예약하는 대화 듣기 Listening to conversations about making a reservation • 항공권 예약하기 Reserving flight tickets	• 여행 광고 읽기 Reading travel brochures • 여행지 소개하는 광고 만들기 Writing travel brochures

과제 Task	어휘 Vocabulary	문법과 표현 Grammar and Expression	발음 Pronunciation	문화 산책 Culture Note
• 고향 소개하기 Introducing your hometown	• 소개 Introduction • 빈도 부사 Adverbs of frequency	• N(이)라고 하다 • V-(으)려고 • V-거나 • N(이)나 1	• 비음화 1 Nasalization 1	• 한국 사람의 이름 Korean names
• 단어 게임 Name guessing game	• 취미 Hobbies • 정도 부사 Adverbs of degree	• V-는 것 • V-(으)ㄹ 줄 알다[모르다] • V-(으)ㄴ N • A/V-지 않다	• 경음화 1 Glottalization 1	• 동호회 Clubs in Korea
• 경험 말하기 게임 Game: talking about experiences	• 경험 Experience • 기간 Period (of time)	• V-아/어 보다 • N 동안 • A-(으)ㄴ데, V-는데, N인데 1 • V-(으)ㄹ N	• 'ㅎ' 약화 Reduction of 'ㅎ'	• 한류 The Korean Wave
• 물건 사고파는 역할극하기 Role-play: buying & selling	• 의복 Clothing	• A-(으)ㄴ 것 같다, V-는 것 같다, N인 것 같다 • N보다 • A/V-았으면/었으면 좋겠다	• 유기음화 1 Aspiration 1	• 한국의 유명한 시장 Famous markets in Korea
• 여행 정보 알아보기 Finding out travel information	• 여행 Travel	• A/V-(으)ㄹ까요? • A/V-(으)ㄹ 거예요 • A/V-(으)니까, N(이)니까 • V-고 나서	• 비음화 2 Nasalization 2	• 한국의 숙박 시설 Lodging facilities in Korea

교재 구성표 Scope and Sequence

단원 Unit	말하기 Speaking	듣고 말하기 Listening and Speaking	읽고 쓰기 Reading and Writing
6과 **비행기로 보내면 얼마예요?** How much is it if I send it by airmail?	• 소포 보내기 Sending a package • 환전하기 Exchanging money	• 택배 문의하는 전화 대화 듣기 Listening to a telephone conversation about asking for delivery service • 택배 신청하는 전화하기 Telephoning to request delivery service	• 인터넷 게시판 글 읽기 Reading an online bulletin board • 인터넷 게시판에 답글 쓰기 Writing a reply on an online bulletin board
7과 **한옥마을이 어디에 있는지 아세요?** Do you know where Hanok Village is?	• 길 찾기 Finding one's way • 길 안내하기 Giving directions	• 택시 기사와 손님의 대화 듣기 Listening to a conversation between a taxi driver and a customer • 택시에서 목적지 말하기 Telling your destination to a taxi driver	• 길 설명하는 글 읽기 Reading directions • 길 설명하는 글 쓰기 Writing directions
8과 **정말 속상하겠어요** You must feel awful	• 공감 표현하기 Expressing sympathy • 상황 설명하기 Explaining a situation	• 인터뷰 듣기 Listening to an interview • 인터뷰하기 Interviewing	• 스트레스 해소법에 대한 글 읽기 Reading a passage about how to release stress • 스트레스 해소법에 대한 글 쓰기 Writing a passage about how to release stress
9과 **문의할 게 있는데요** I have something to inquire	• 정보 전달하기 Giving information • 문의하기 Inquiring	• 라디오 퀴즈 프로그램 듣기 Listening to a radio quiz show • 퀴즈 내기 Giving a quiz	• 한국 생활 정보 소개하는 인터넷 게시판 글 읽기 Reading information on an Internet message board about life in Korea • 한국 생활 정보 소개하는 글 쓰기 Writing information about life in Korea

과제 Task	어휘 Vocabulary	문법과 표현 Grammar and Expression	발음 Pronunciation	문화 산책 Culture Note
• 우체국에 가서 편지 보내기 Mailing a letter at the post office	• 우체국 Post office • 은행 Bank	• N(으)로 • N(이)라서 • '르' 불규칙 • V-(으)면 되다 • V-(으)ㄴ 것 같다	• 경음화 2 Glottalization 2	• 한국의 우체국 Post office in Korea
• 특정 장소 찾아가서 정보 파악하기 Finding a special attraction and getting information	• 교통 Transportation • 길 안내 Giving directions	• A/V-(으)ㄹ 것 같다 • V-는지 알다[모르다], N인지 알다[모르다] • V-(으)려면 • V-다가	• 비음화 3 Nasalization 3	• 한국의 길 이름 Street names in Korea
• 상담하기 Counseling	• 감정 Emotion	• A/V-겠- • N 때문에 • V-아/어 버리다 • A/V-(으)ㄹ 때	• 'ㄴ' 첨가 Insertion of 'ㄴ'	• 감사 인사 Expressing appreciation
• 한국에 대한 정보 조사하기 Researching information about Korea	• 전화 Telephone • 정보 Information	• A-(으)ㄴ데요, V-는데요, N인데요 • V-는 중이다, N 중이다 • A-(으)ㄴ가요?, V-나요?, N인가요? • N밖에	• 비음화 4 Nasalization 4	• 한국의 안내 전화 Telephone information directories in Korea

등장인물 Characters

마리코 (30)
일본
LEI 학생, 주부
나나 (20)
중국
LEI 학생
줄리앙 (25)
프랑스
LEI 학생, 대학원생
이지연 (30)
한국
주부
김민수 (28)
한국
회사원
아키라 (28)
일본
LEI 학생, 회사원

1 처음 뵙겠습니다
How do you do?

학습목표

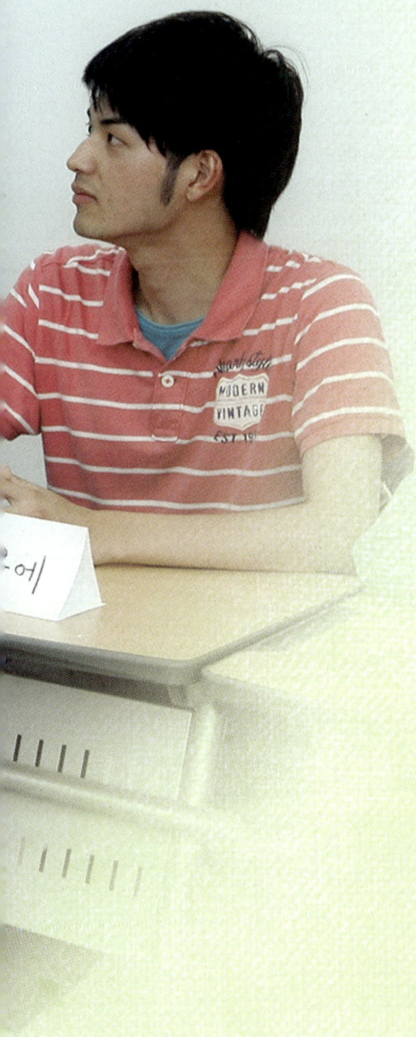

어 휘
- 소개
  Introduction
- 빈도 부사
  Adverbs of frequency

문법과 표현 1
- N(이)라고 하다
- V–(으)려고

말하기 1
- 자기소개하기
  Introducing yourself

문법과 표현 2
- V–거나
- N(이)나 1

말하기 2
- 주말에 하는 일 설명하기
  Talking about weekend routines

듣고 말하기
- 약속 정하는 전화 대화 듣기
  Listening to a telephone conversation about making plans
- 소개받은 사람에게 자기소개하기
  Introducing yourself to a person who has been introduced to you

읽고 쓰기
- 외국어 도우미 찾는 글 읽기
  Reading a flyer looking for a foreign language tutor
- 한국어 도우미 찾는 글 쓰기
  Writing a flyer to find a Korean language tutor

과 제
- 고향 소개하기
  Introducing your hometown

문화 산책
- 한국 사람의 이름
  Korean names

발 음
- 비음화 1
  Nasalization 1

어 휘 Vocabulary

1. 학생 카드를 써 보세요.

Fill out the student information card.

학생 카드

<table>
<tr><td>성명
(Full Name)</td><td colspan="2"></td><td>성별
(Sex)</td><td>□ 남 □ 여</td></tr>
<tr><td>생년월일
(Date of Birth)</td><td colspan="2">______년 _____월 _____일</td><td>직업
(Job)</td><td></td></tr>
<tr><td>국적
(Nationality)</td><td colspan="2"></td><td>종교
(Religion)</td><td></td></tr>
<tr><td rowspan="2">연락처
(Contact Information)</td><td>주소
(Address)</td><td colspan="3"></td></tr>
<tr><td>전화
(Telephone)</td><td></td><td>이메일
(E-mail)</td><td></td></tr>
</table>

2. 빈칸에 알맞은 단어를 골라 쓰세요.

Fill in each blank with the appropriate word from the box.

매일	매주	매달	매년

1)

저는 (   ) 한국어를 공부해요.

2)

저는 (   ) 크리스마스에 고향에 가요.

3)

저는 (   ) 일요일에 등산을 해요.

4)

저는 (   ) 30일에 회의를 해요.

3. 여러분의 한국 생활은 어떻습니까? 다음을 읽고 자기에게 맞는 것에 √ 한 후 점수를 확인해 보세요.

How is your life in Korea? Read the following statements and check the one that applies to you. Then count your scores.

1) 

나는 노래방에 가면 (☐ 항상 ☐ 자주 ☐ 가끔) 한국 노래를 합니다.

나는 한국 노래를 (☐ 안) 합니다.

2) 

나는 라면을 먹으면 (☐ 항상 ☐ 자주 ☐ 가끔) 김치를 먹고 싶습니다.

나는 김치를 (☐ 안) 먹습니다.

3) 

나는 인터넷에서 한국 뉴스를 (☐ 항상 ☐ 자주 ☐ 가끔) 봅니다.

나는 한국 뉴스를 (☐ 안) 봅니다.

4) 

나는 한국 사람과 (☐ 항상 ☐ 자주 ☐ 가끔) 한국어로 이야기합니다.

나는 한국어로 이야기를 (☐ 안) 합니다.

5) 

나는 (☐ 항상 ☐ 자주 ☐ 가끔) 한국어로 전화를 합니다.

나는 한국어로 전화를 (☐ 안) 합니다.

- 항상 (5점)
- 자주 (3점)
- 가끔 (1점)
- 안 (0점)

0–10점 한국 생활이 불편해요.	**11–17점** 한국 생활이 괜찮아요.	**18–25점** 한국 생활이 아주 편해요.

문법과 표현 1 Grammar and Expression 1

1. N(이)라고 하다

track 02

A 안녕하세요? 저는 스티븐입니다.

B 저는 다나카 마리코라고 합니다.

예
- 저는 김민수**라고 합니다.**
- 저는 히엔**이라고 해요.**

연습1 여러분의 가족과 친구들은 여러분을 뭐라고 부릅니까? [보기]와 같이 이야기해 보세요.
What are you called by your family or friends? Talk about it as shown in the example.

보 기

연습2 [보기]와 같이 이야기해 보세요.
Ask your partner questions as shown in the example.

보 기

안녕하세요	감사합니다	사랑해요	여보세요

(이름을) 부르다 to call (a name)

2. V-(으)려고

track 03

A 왜 한국어를 공부하세요?

B 한국 친구들과 이야기하려고 공부해요.

예

- 편지를 보내**려고** 우체국에 갔어요.
- 저녁에 먹**으려고** 과일을 샀어요.

연습1 [보기]와 같이 이야기해 보세요.

Ask each other questions and respond as shown in the example.

보 기

왜 공원에 갔어요?	왜 한국에 왔어요?	왜 학교에 일찍 왔어요?
왜 택시를 탔어요?	왜 케이크를 샀어요?	

말하기 1 Speaking 1

track 04

마리코　처음 뵙겠습니다. 저는 다나카 마리코라고 합니다.
스티븐　만나서 반가워요, 다나카 마리코 씨. 저는 스티븐입니다.
마리코　그냥 마리코라고 부르세요. 실례지만 스티븐 씨는 무슨 일을 하세요?
스티븐　저는 대학교에서 한국 역사를 공부하고 있어요.
　　　　마리코 씨는 왜 한국어를 공부하세요?
마리코　좋아하는 한국 드라마를 한국어로 보려고 공부해요.

연습1

1) 다나카 마리코 → 마리코
좋아하는 한국 드라마를 한국어로 보다

스티븐
대학교에서 한국 역사를 공부하다

2) 사만다 → 샘
내년에 한국 대학교에 들어가다

김민수
컴퓨터 회사에 다니다

3) 낫다룬 → 언
한국 친구들과 한국어로 이야기하다

크리스
학교에서 영어를 가르치다

뵙다 to meet (humble expression)　그냥 just　(학교에) 들어가다 to enter (a school)

연습2 친구들과 이야기해 보세요.

Talk about the following with your classmates.

1) 여러분은 친구들에 대해 무엇을 알고 싶습니까?

이름	국적	나이	직업
연락처	한국어를 배우는 이유		?

2) 알고 싶은 것에 대해 질문을 만들어 보고 친구들과 이야기해 보세요.

	알고 싶은 것	질문
1	이름	이름이 뭐예요? / 실례지만 성함이 어떻게 되세요?
2	국적	
3	나이	
4	직업	
5	연락처	
6	한국어를 배우는 이유	
7		

• 처음 만났을 때 하는 인사
Greeting someone you meet for the first time

처음 뵙겠습니다.
만나서 반갑습니다.
만나 뵙게 되어서 기쁩니다.

• 이름, 나이, 연락처 등을 정중하게 물을 때
When politely asking someone's name, age and contact number

실례지만	이름이 / 성함이 나이가 / 연세가 전화번호가 / 연락처가	어떻게 되세요? 어떻게 되십니까?

이유 reason

문법과 표현 2 Grammar and Expression 2

1. V-거나

track 05

A 주말에 보통 뭐 하세요?

B 집에서 쉬거나 친구를 만나요.

예

- 부모님이 보고 싶으면 편지를 쓰**거나** 전화를 해요.
- 일요일에는 책을 읽**거나** 영화를 봐요.

연습1 [보기]와 같이 이야기해 보세요.
Ask each other questions and respond as shown in the example.

보 기

수업 후에 보통 뭐 해요?

일요일에 보통 뭐 해요?

평일에 보통 뭐 해요?

돈이 많으면 뭐 하고 싶어요?

가족이 보고 싶으면 어떻게 해요?

평일 weekday

2. N(이)나 1

track 06

A 점심에 보통 뭘 먹어요?

B 김밥이나 햄버거를 먹어요.

예

- 과일이 없어요. 사과**나** 배를 좀 사 오세요.
- 언제 만날까요?
  – 월요일**이나** 화요일 어때요?

연습1 [보기]와 같이 이야기해 보세요.

Ask each other questions and respond as shown in the example.

보 기

생일에 무슨 선물을 받고 싶어요?

친구를 만나면 보통 어디에 가요?

다른 사람 집에 초대를 받으면 보통 뭘 사 가요?

어느 나라에 가 보고 싶어요?

사 오다 to buy and bring　초대를 받다 to receive invitation

말하기 2 Speaking 2

track 07

샤오밍	마리코 씨는 주말에 보통 뭐 하세요?
마리코	집에서 쉬거나 친구를 만나요. 샤오밍 씨는요?
샤오밍	저는 주말에는 항상 운동을 해요.
마리코	무슨 운동을 해요?
샤오밍	수영이나 농구를 해요.
마리코	그래요? 저도 매일 수영을 해요.
샤오밍	어, 우리는 취미가 같네요.

연습1

1)
- 집에서 쉬다 / 친구를 만나다
- 운동을 하다
- 수영 / 농구 / 하다
- 매일 수영을 하다

2)
- 책을 읽다 / 청소를 하다
- 영화를 보다
- 코미디 영화 / 액션 영화 / 보다
- 영화를 자주 보다

3)
- 쇼핑을 하다 / 운동을 하다
- 요리를 하다
- 한국 요리 / 중국 요리 / 하다
- 매주 토요일에 요리를 배우다

4)
- 숙제를 하다 / 산책을 하다
- 책을 읽다
- 소설책 / 잡지 / 읽다
- 소설책을 아주 좋아하다

코미디 영화 comedy movie 액션 영화 action movie 소설책 novel

연습2 친구들과 이야기해 보세요.

Interview your classmates.

	질문	친구 1 :	친구 2 :
1	시간이 나면 보통 뭘 해요?		
2	한국 식당에 가면 보통 뭘 먹어요?		
3	________ 씨는 쉬는 시간에 보통 뭘 해요?		
4	________ 씨 고향에서는 학생들이 보통 방학에 뭘 해요?		
5	________ 씨는 친구를 만나면 보통 어디에 가요?		

시간이 나다 to have time

듣고 말하기 Listening and Speaking

준비 여러분은 이성 친구를 어떻게 처음 만났습니까?
How did you first meet your boyfriend or girlfriend?

듣기1 잘 듣고 빈칸에 써 보세요. track 08
Listen carefully and complete the sentence.

두 사람은 토요일 오후 ________시에 ________에서 만나려고 합니다.

준비 여러분은 소개팅을 해 봤습니까? 처음 만난 사람에게 무슨 질문을 합니까?
Have you ever had a blind date? What questions would you ask during your first meeting?

듣기2 잘 듣고 질문에 답하세요. track 09
Listen carefully and answer the following questions.

1) 맞는 것을 고르세요.

① 남자는 서울대학교에 다닙니다.

② 여자의 집은 학교에서 가깝습니다.

③ 두 사람은 친구를 기다리고 있습니다.

2) 남자는 주말에 보통 무엇을 합니까? 맞는 것을 모두 고르세요.

① 

② 

③ 

말하기 같은 반 친구가 여러분에게 새 친구를 소개해 줬습니다. 소개받은 사람에게 자기소개를 해 보세요.
Your classmate has introduced someone to you. Introduce yourself and have a conversation.

읽고 쓰기 Reading and Writing

준비 게시판에 어떤 글들이 있습니까?
What posts do you see on the bulletin board?

읽기 다음을 읽고 질문에 답하세요.
Read the passage and answer the following questions.

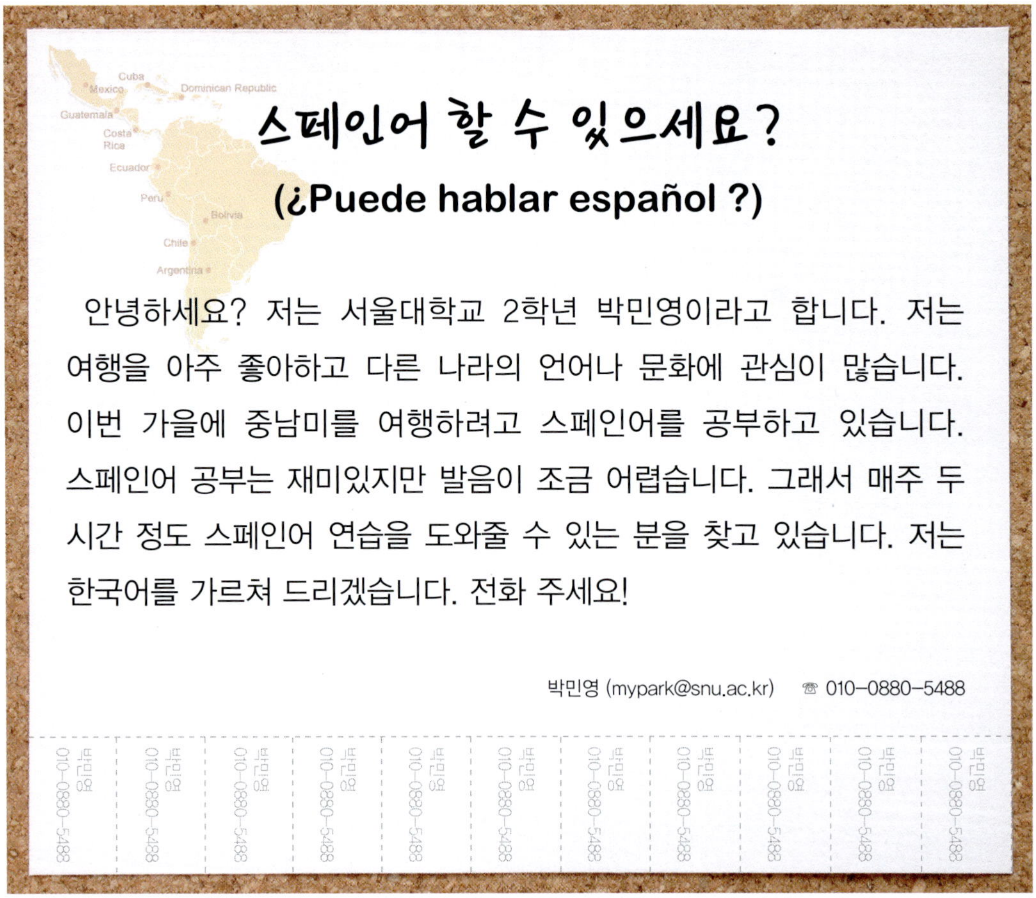

스페인어 할 수 있으세요?

(¿Puede hablar español ?)

안녕하세요? 저는 서울대학교 2학년 박민영이라고 합니다. 저는 여행을 아주 좋아하고 다른 나라의 언어나 문화에 관심이 많습니다. 이번 가을에 중남미를 여행하려고 스페인어를 공부하고 있습니다. 스페인어 공부는 재미있지만 발음이 조금 어렵습니다. 그래서 매주 두 시간 정도 스페인어 연습을 도와줄 수 있는 분을 찾고 있습니다. 저는 한국어를 가르쳐 드리겠습니다. 전화 주세요!

박민영 (mypark@snu.ac.kr) ☎ 010-0880-5488

박민영 010-0880-5488 (×11)

스페인어 Spanish 언어 language 문화 culture 관심 interest 중남미 Central and South America 정도 about; around

1) 이 사람은 왜 이 글을 썼습니까?

____

2) 이 사람은 왜 스페인어를 공부합니까?

①

②

③

쓰기 여러분의 한국어 연습을 도와줄 수 있는 친구를 찾는 광고를 만들어 보세요.
Make a flyer to find someone who can help you with learning Korean.

1) 아래 내용을 간단히 메모해 보세요.

- 제목
- 자기소개
- 한국어를 배우는 이유
- 연락처

2) 위의 내용으로 광고를 만들어 보세요.

과 제 Task

여러분의 고향을 소개해 보세요.
Give a presentation about your hometown.

여러분의 고향은 어디입니까? 어떤 곳입니까?
Where is your hometown? What kind of place is it?

고향에 대해서 소개하고 싶은 것을 메모해 보세요.
Write a few things you want to say about your hometown.

- 어디에 있어요?
- 어떤 곳이에요?
- 뭐가 유명해요?
- 어떤 음식이 맛있어요?

위의 내용으로 여러분의 고향을 소개해 보세요.
Based on your notes, introduce your hometown to the class.

유명하다 to be famous　에 대해(서) about　발표하다 to have a presentation

문화 산책 Culture Note

준비 여러분은 한국 친구가 있습니까? 그 친구의 이름은 무엇입니까?
Do you have a Korean friend? What is his or her name?

알아보기

제 한국 친구들의 이름은 보통 세 글자입니다. 저와 제일 친한 친구의 이름은 '김유미'입니다. 친구들은 성을 빼고 '유미'라고 부릅니다. 유미의 형제들은 이름이 아주 비슷합니다. 유미의 언니 이름은 '김유리'이고 남동생 이름은 '김유진'입니다. 형제들의 이름이 비슷한 것이 재미있습니다.

생각 나누기 여러분 나라에는 어떤 성과 이름이 많습니까? 여러분 나라에서도 형제들의 이름이 비슷합니까?
What first and last names are most common in your country? Are sibling names similar in your country?

글자 letter 제일 (the) most 친하다 to be close 성 last name 빼다 to leave out; to exclude 형제들 siblings 비슷하다 to be similar

발 음 Pronunciation

준비 들어 보세요. track 10

Listen to the following sentences.

1) 저는 마리라고 합니다.
2) 교실에 시계가 없네요.

규칙 받침소리 [ㅂ]은 'ㄴ, ㅁ' 앞에서 [ㅁ]으로 발음됩니다.

When the final consonant sound [ㅂ] is followed by the initial consonants 'ㄴ, ㅁ', [ㅂ] is pronounced as [ㅁ].

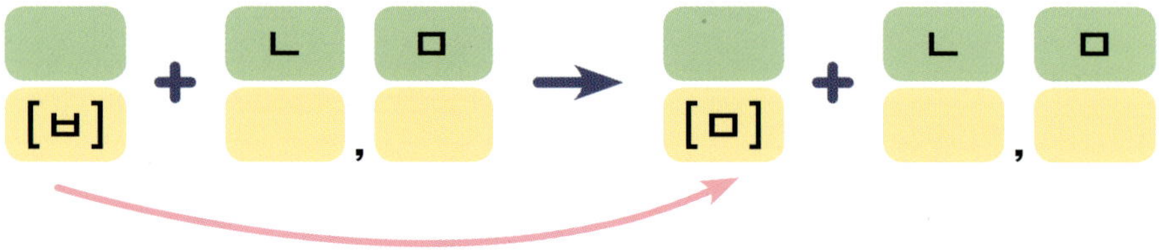

예] 입는[임는]
앞만[암만]
없는[엄는]

연습 잘 듣고 따라 해 보세요. track 11

Listen carefully and repeat the following sentences.

1) 어제 사십 명쯤 왔어요.
2) 앞문으로 들어오세요.
3) 값만 물어보고 안 샀어요.
4) A 안녕하세요? 저는 다나카라고 합니다.
   B 안녕하세요? 스티븐입니다.

자기 평가 Self-Check

1. 다음 중 아는 단어에 ✓ 하세요.
Check all the words that you know.

☐ 성명	☐ 국적	☐ 연락처	☐ 생년월일
☐ 항상	☐ 가끔	☐ 매주	☐ 매년
☐ 언어	☐ 관심	☐ 시간이 나다	☐ 학교에 들어가다

2. 알맞은 것을 골라 대화를 만들어 보세요.
Complete each dialogue using the word in parentheses and the appropriate grammar form in the box.

(이)라고 하다	–(으)려고	–거나	(이)나

1) A 왜 이렇게 일찍 왔어요?
B ______________________ 일찍 왔어요. (숙제하다)

2) A 보통 아침에 뭘 먹어요?
B ______________________ 먹어요. (빵, 과일)

3) A 이건 이름이 뭐예요?
B ______________________. 추석에 먹는 떡이에요. (송편)

4) A 주말에 뭐 할 거예요?
B ______________________. (쇼핑하러 가다, 친구를 만나다)

정답
2. 1) 숙제하려고 2) 빵이나 과일을 3) 송편이라고 해요 4) 쇼핑하러 가거나 친구를 만날 거예요

번 역 Translation

어휘

성명	full name
성별	sex; gender
생년월일	date of birth
직업	job
국적	nationality
종교	religion
연락처	contact information
주소	address
전화	telephone
이메일	e-mail
매일	everyday
매주	every week
매달	every month
매년	every year
항상	always
자주	often
가끔	sometimes

말하기 1

Mariko	Hello. I am Tanaka Mariko.
Steven	Nice to meet you, Ms. Tanaka Mariko. I am Steven.
Mariko	Just call me Mariko. Do you mind me asking what you do for a living?
Steven	I am studying Korean history in college. Why do you study Korean, Mariko?
Mariko	I study (Korean) to watch the dramas I like in Korean.

말하기 2

Xiaoming	What do you usually do on the weekends, Mariko?
Mariko	I take a rest at home or meet friends. How about you, Xiaoming?
Xiaoming	I always exercise on the weekends.
Mariko	What exercise do you do?
Xiaoming	I swim or play basketball.
Mariko	Really? I also swim everyday.
Xiaoming	Oh, we have the same hobby.

2 취미가 뭐예요?

What is your hobby?

학습목표

어 휘	• 취미 Hobbies • 정도 부사 Adverbs of degree
문법과 표현 1	• V-는 것 • V-(으)ㄹ 줄 알다[모르다]
말하기 1	• 취미에 대해 말하기 Talking about hobbies
문법과 표현 2	• V-(으)ㄴ N • A/V-지 않다
말하기 2	• 동호회 활동 소개하기 Introducing club activities
듣고 말하기	• 동호회 활동에 대한 대화 듣기 Listening to conversations about club activities • 동호회 만들고 소개하기 Making an activity club and introducing it
읽고 쓰기	• 취미 소개하는 블로그 글 읽기 Reading a blog about hobbies • 취미 소개하는 블로그 글 쓰기 Writing a blog about hobbies
과 제	• 단어 게임 Name guessing game
문화 산책	• 동호회 Clubs in Korea
발 음	• 경음화 1 Glottalization 1

어 휘 Vocabulary

1. 그림을 보고 [보기]와 같이 알맞은 것을 골라 쓰세요.
Write the correct word or phrase under the corresponding picture as shown in the example.

사진을 찍다 | 음악을 듣다 | 춤(을) 추다 | 그림을 그리다 | 인형을 모으다 | 인터넷을 하다

보 기

사진을 찍어요

1) 

____

2) 

____

3) 

____

4) 

____

5) 

____

영화 감상 | 음악 감상 | 등산 | 독서 | 여행 | 요리 | 낚시 | 운동 | 컴퓨터 게임

보 기

영화 감상

1) 

____

2) 

____

3) 

____

4) 

____

5) 

____

6) 

____

7) 

____

8) 

____

2. 그림을 보고 [보기]와 같이 이야기해 보세요.

Look at the pictures and answer each question as shown in the example.

보 기

스티븐 씨 노래 잘해요?

아니요, 별로 잘 못해요.

아주 (별로) 전혀

1) 

저는 노래를 (　　　　).

아주　별로　전혀

2) 

저는 요리를 (　　　　).

아주　별로　전혀

3) 

저는 스케이트를 (　　　　).

아주　별로　전혀

4) 

저는 피아노를 (　　　　).

아주　별로　전혀

5) 

저는 그림을 (　　　　).

아주　별로　전혀

6) 

저는 춤을 (　　　　).

아주　별로　전혀

7) 

저는 농구를 (　　　　).

아주　별로　전혀

8) 

저는 테니스를 (　　　　).

아주　별로　전혀

문법과 표현 1 Grammar and Expression 1

1. V-는 것

track 12

A 운동하는 것을 좋아하세요?

B 네, 야구하는 것을 좋아해요.

예

- 한국어를 배우는 **것**이 재미있어요.
- 저는 책 읽는 **것**을 좋아해요.

연습1 그림을 보고 [보기]와 같이 이야기해 보세요.
Create a dialogue for each picture as shown in the example.

보 기

야구(를) 하다 to play baseball

2. V-(으)ㄹ 줄 알다[모르다]

track 13

A 수영할 줄 아세요?

B 아니요, 전혀 할 줄 몰라요.

예

- 민수 씨는 수영**할 줄 몰라요**.
- 저는 한글을 읽**을 줄 알아요**.

연습1 여러분이 할 줄 아는 것을 말하고 친구도 할 수 있는지 물어보세요.

Tell your classmates what you can do and ask if they can do it, too.

말하기 1 Speaking 1

track 14

나나 정우 씨는 취미가 뭐예요?

정우 저는 운동하는 것을 좋아해요. 나나 씨는요?

나나 저도 운동하는 것을 좋아해요. 정우 씨는 무슨 운동을 잘하세요?

정우 테니스를 좀 칠 줄 알아요. 나나 씨도 테니스를 칠 줄 아세요?

나나 아니요, 저는 테니스를 전혀 못 쳐요. 시간이 나면 한번 배워 보고 싶어요.

정우 그럼 제가 가르쳐 드릴까요?

나나 네, 좋아요. 고마워요.

연습1

1) 운동하다 / 운동을 잘하다 / 테니스 / 치다

2) 외국어를 공부하다 / 외국어를 잘하다 / 프랑스어 / 하다

3) 요리하다 / 요리를 잘하다 / 한국 요리 / 하다

4) 춤을 추다 / 춤을 잘 추다 / 라틴 댄스 / 추다

외국어 foreign language 라틴 댄스 Latin dance

연습2 친구들에게 취미를 물어보세요.
Ask your classmates about their hobbies.

_______ 씨는 취미가 뭐예요?

제 취미는 스키 타는 거예요.

언제부터 스키를 탔어요?

5년 전부터 탔어요. _______ 씨도 스키를 탈 줄 아세요?

아니요, 저는 전혀 못 타요. 저는 운동하는 걸 안 좋아해요.

그럼 _______ 씨는 취미가 뭐예요?

· · ·

• 취미를 말할 때
When talking about a hobby

제 취미는	축구예요. 축구하는 거예요. 축구하는 것입니다.	저는	축구를 좋아해요. 축구하는 걸 좋아해요.

문법과 표현 2 Grammar and Expression 2

1. V-(으)ㄴ N

track 15

A 어제 본 영화 어땠어요?
B 아주 재미있었어요.

예
- 지난주에 **산** 옷을 바꾸고 싶어요.
- 어제 먹**은** 음식 이름을 모르겠어요.

연습1 [보기]와 같이 이야기해 보세요.
Interview your classmates as shown in the example.

보 기

	질문	친구 1 :	친구 2 :
1	어제 누구 만났어요?		
2	지난주에 어디에 갔어요?		
3	지난 생일에 무슨 선물을 받았어요?		
4	부모님이 ______ 씨에게 무슨 말을 많이 하셨어요?		
5			

2. A/V-지 않다

track 16

A 요즘 많이 바쁘지요?

B 아니요, 별로 바쁘지 않아요.

예

- 내 방은 크**지 않지만** 싸고 좋아요.
- 저는 고기를 전혀 먹**지 않아요**.
- 어제 아파서 학교에 가**지 않았어요**.

연습1 [보기]와 같이 이야기해 보세요.
Answer each question as shown in the example.

보 기

1) 요즘 바빠요?

2) 한국 생활이 재미있어요?

3) 커피를 많이 미셔요?

4) 영화 자주 봐요?

5) 한국 친구가 많아요?

6) 책을 많이 읽어요?

7) 어제 많이 잤어요?

8) 주말에 열심히 공부했어요?

말하기 2 Speaking 2

track 17

나 나	마리코 씨, 요리하는 것을 좋아해요?
마리코	네, 그래서 요리 동호회에 가입했어요. 어제도 모임이 있었어요.
나 나	어제는 뭘 했어요?
마리코	한국 음식을 만들었어요. 어제 만든 음식은 김밥이에요.
나 나	한국 음식 만드는 게 어렵지 않았어요?
마리코	별로 어렵지 않았어요. 재미있었어요.

연습1

1) 

요리하다
요리 동호회
한국 음식을 만들다
만들다 / 김밥

2) 

영화를 보다
영화 동호회
한국 영화를 보다
보다 / '선물'

3) 

노래하다
노래 동호회
한국 노래를 배우다
배우다 / 아리랑

4) 

책을 읽다
독서 동호회
한국 역사책을 읽다
읽다 / '한국의 역사'

동호회 club　가입하다 to join

연습2 여러분이 좋아하는 동호회에 가입을 하고 이야기해 보세요.
Join your favorite club and practice conversations as shown in the example.

. . .

〈등산 동호회〉

모임 : 매주 일요일 오전 7:30

〈라틴 댄스 동호회〉

모임 : 매주 수요일 저녁 7:00

〈자전거 동호회〉

모임 : 매주 토요일 오전 9:00

〈영화 동호회〉

모임 : 매주 금요일 저녁 8:00

모이다 to gather

듣고 말하기 Listening and Speaking

준비 여러분은 취미가 무엇입니까?
What are your hobbies?

듣기1 잘 듣고 맞는 것을 고르세요. track 18
Listen carefully and choose the correct statement.

① 여자는 요즘 운동을 자주 합니다.

② 남자의 취미는 인터넷 게임입니다.

③ 두 사람은 이번 주말에 만나려고 합니다.

준비 여러분은 동호회 활동을 해 봤습니까?
Have you participated in a club?

듣기2 잘 듣고 질문에 답하세요. track 19
Listen carefully and answer the following questions.

1) 맞는 것을 고르세요.

① 여자는 기타를 못 칩니다.

② 동호회 연습실은 학교에 있습니다.

③ 두 사람은 오늘 동호회에 가려고 합니다.

2) 빈칸에 알맞은 답을 쓰세요.

동호회 이름	소리사랑
모임 시간	______요일 오후 ______시
회비	____________원

연습실 practice room 회비 (membership) fee

말하기 취미가 같은 친구들과 모여서 동호회를 만들고 소개해 보세요.

Make an activity club with classmates who have the same interest as you and introduce it to the class.

동호회 이름	
하는 일	
모임 시간	
모임 장소	
회비	

읽고 쓰기 Reading and Writing

준비 여러분은 블로그가 있습니까? 블로그에 무엇을 자주 올립니까?
Do you have a blog? What do you often post on your blog?

읽기 다음을 읽고 질문에 답하세요.
Read the passage and answer the following questions.

내 블로그 | 이웃 블로그 | 모두의 블로그 | 바로가기

마리코의 블로그

- 한국 요리
- 일본 요리
- 가족 여행
- 한국 드라마

안녕하세요. 저는 일본에서 온 마리코라고 합니다. 제 취미는 요리와 한국 드라마 보는 것입니다. 매주 금요일에 우리 집에서 한국 드라마를 좋아하는 친구들과 모임을 합니다. 저는 친구들에게 맛있는 음식을 만들어 줍니다. 제가 좋아하는 요리도 하고 친구들과 재미있는 시간을 보내서 참 좋습니다.

요즘 저는 드라마에서 본 한국 음식을 만들어 보고 싶어서 백화점 문화 센터에서 한국 요리를 배우고 있습니다. 별로 잘하지는 못하지만 제가 만든 한국 음식 사진을 블로그에 올리고 있습니다. 제 블로그에 자주 놀러 오세요.

블로그 blog 참 really; very 문화 센터 cultural center; community center (사진을) 올리다 to post (a photo)

1) 마리코는 왜 한국 요리를 배웁니까?

____

2) 이 글의 내용과 같은 것을 고르세요.

① 마리코는 사진 찍는 일을 합니다.

② 마리코는 매주 금요일에 백화점 문화 센터에 갑니다.

③ 마리코의 블로그에서 한국 요리 사진을 볼 수 있습니다.

쓰기 블로그에 여러분의 취미를 소개하는 글을 써 보세요.
Write a blog about your hobbies.

과 제 Task

친구들과 단어 게임을 해 보세요.
Let's play a word game.

다음 중에서 하나를 골라 [보기]와 같이 생각나는 것을 써 보세요.
Choose one of the following categories and make a word web.

음식　　장소　　운동　　물건　　사람

보 기

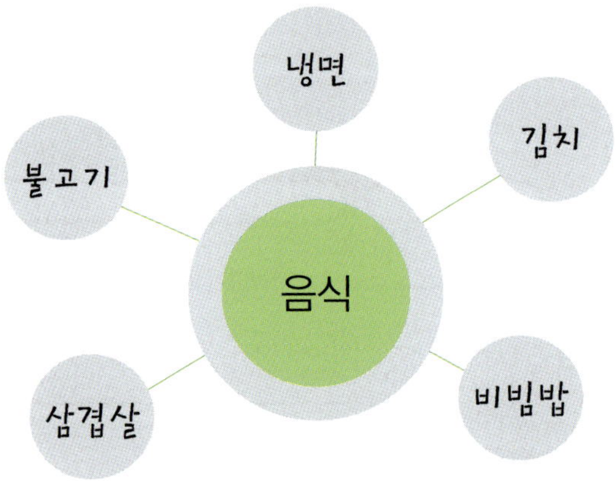

위에서 쓴 것 중에서 하나를 골라 [보기]와 같이 생각나는 것을 써 보세요.
Choose a word from the word web and write sentences using that word.

보 기

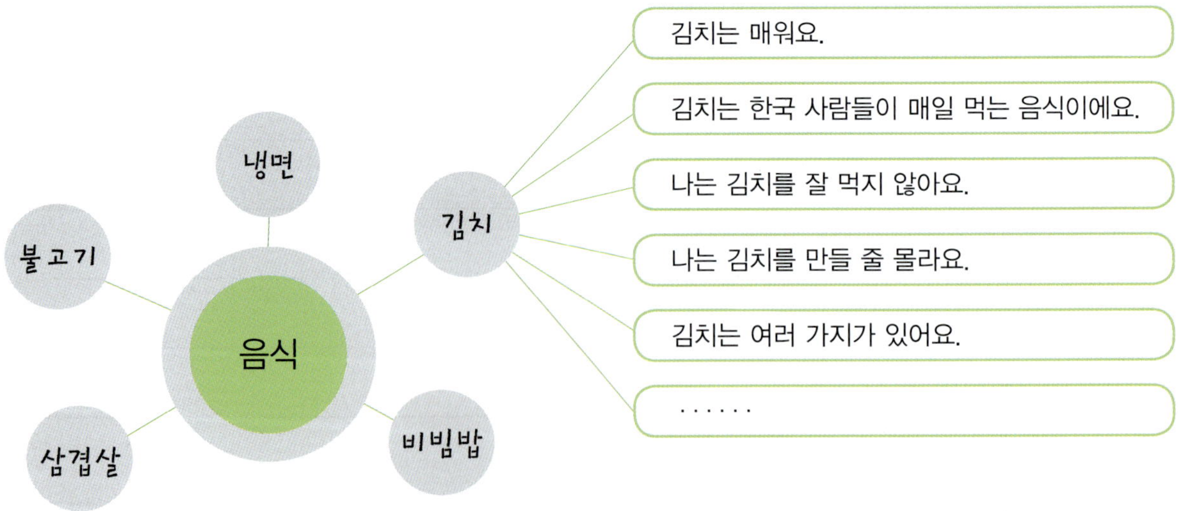

여러 가지 various kinds

[보기]와 같이 위에서 쓴 것 중에 듣고 맞히기 어려운 것부터 쉬운 것으로 순서대로 쓰고 점수를 매겨 보세요.

Make a list in order of difficulty, starting with the most difficult sentence to guess.

보 기

〈 김치 〉	점수
이것은 여러 가지가 있어요.	5점
저는 이것을 만들 줄 몰라요.	4점
저는 이것을 잘 먹지 않아요.	3점
이것은 매워요.	2점
이것은 한국 사람들이 매일 먹는 음식이에요.	1점

각 팀이 돌아가면서 5점부터 1점까지 힌트를 주고 다른 팀들은 그것이 무엇인지 맞혀 보세요. 제일 많은 점수를 받은 팀이 이깁니다.

Teams take turns reading sentences from the list in order of difficulty, and the other team guesses the word. The team with the most points wins the game.

보 기

문화 산책 Culture Note

준비 다음 인터넷 동호회는 어떤 사람들이 모인 곳입니까?
The followings are online activity clubs. What are these clubs for?

알아보기

저는 운동하는 것을 아주 좋아합니다. 한국 친구도 만나고 태권도도 배우고 싶어서 인터넷 동호회 '태사모'에 가입했습니다. '태사모'는 태권도를 사랑하는 사람들의 모임입니다. 그곳에서 만난 친구들과 자주 모여서 태권도를 연습합니다. 태권도도 배우고 좋은 친구도 만날 수 있어서 아주 좋습니다.

생각 나누기 여러분 나라에는 어떤 동호회가 많습니까? 여러분은 어떤 동호회에 관심이 있습니까?
What activity clubs are popular in your country? What activity clubs are you interested in?

발 음 Pronunciation

준비 들어 보세요. track 20

Listen to the following sentences.

1) 수영을 할 줄 알아요?

2) 한자를 쓸 수 있어요.

규칙 어미 '–(으)ㄹ' 뒤에 오는 'ㄱ, ㅅ, ㅈ'은 [ㄲ, ㅆ, ㅉ]으로 발음됩니다.

When '-(으)ㄹ' is followed by the initial consonants 'ㄱ, ㅅ, ㅈ', 'ㄱ, ㅅ, ㅈ' are pronounced as [ㄲ, ㅆ, ㅉ].

–(으)ㄹ + ㄱ, ㅅ, ㅈ → –(으)ㄹ + [ㄲ], [ㅆ], [ㅉ]

예] 갈 거예요[갈꺼예요]

만들 수 있어요[만들쑤이써요]

할 줄 몰라요[할쭐몰라요]

연습 잘 듣고 따라 해 보세요. track 21

Listen carefully and repeat the following sentences.

1) 다음 주말에 여행 갈 거예요.

2) 저랑 같이 갈 사람 있어요?

3) 중국어 할 수 있어요?

4) A 한국 음식 만들 줄 알아요?

B 아니요, 만들 줄 몰라요.

자기 평가 Self-Check

1. 다음 중 아는 단어에 ✓ 하세요.
Check all the words that you know.

☐ 춤을 추다	☐ 그림을 그리다	☐ 인형을 모으다	☐ 영화 감상
☐ 독서	☐ 낚시	☐ 동호회	☐ 외국어
☐ 별로	☐ 전혀	☐ 가입하다	☐ 모이다

2. 알맞은 것을 골라 대화를 만들어 보세요.
Complete each dialogue using the word in parentheses and the appropriate grammar form in the box.

–는 것	–(으)ㄹ 줄 알다[모르다]	–(으)ㄴ	–지 않다

1) A 켈리 씨, 기타 칠 줄 알아요?
B 아니요, ______________________. (기타를 치다)

2) A 나나 씨, 영화를 자주 봐요?
B 네, ______________ 좋아해요. (영화 보다)

3) A 한국어 공부가 어렵지요?
B 아니요, 별로 ______________________. (어렵다)

4) A 지난주에 일본 여행을 다녀왔어요.
B 아, 그래요? 여행 가서 ____________ 사진 좀 보여 주세요. (찍다)

정답

2. 1) 기타를 칠 줄 몰라요 2) 영화 보는 것을 3) 어렵지 않아요 4) 찍은

번 역 Translation

어휘

사진을 찍다	to take a photo	독서	reading
음악을 듣다	to listen to music	여행	traveling
춤을 추다	to dance	요리	cooking
그림을 그리다	to draw a picture	낚시	fishing
인형을 모으다	to collect dolls	운동	exercise
인터넷을 하다	to browse the Internet	컴퓨터 게임	computer game
영화 감상	watching a movie	아주	very
음악 감상	listening to music	별로	(not) particularly
등산	mountain climbing; hiking	전혀	(not) at all

말하기 1

Nana What's your hobby, Jeongu?

Jeongu I like exercising. How about you, Nana?

Nana I also like exercising. What kind of exercise are you good at?

Jeongu I know how to play tennis a little. Do you also know how to play tennis, Nana?

Nana No, I can't play tennis at all. When I have time, I would like to learn.

Jeongu Then, shall I teach you?

Nana Okay, that sounds good. Thanks.

말하기 2

Nana Do you like cooking, Mariko?

Mariko Yes. That's why I joined the cooking club. We met up yesterday.

Nana What did you make yesterday?

Mariko I made a Korean food. It was gimbap that I made yesterday.

Nana Wasn't it hard making a Korean food?

Mariko No, it wasn't that hard. It was fun.

3 콘서트에 가 봤어요?

Have you ever been to a concert?

학습목표

어 휘
- 경험
  Experience
- 기간
  Period (of time)

문법과 표현 1
- V-아/어 보다
- N 동안

말하기 1
- 경험 표현하기
  Talking about experiences

문법과 표현 2
- A-(으)ㄴ데, V-는데, N인데 1
- V-(으)ㄹ N

말하기 2
- 제안하기와 거절하기
  Making a suggestion & Declining a suggestion

듣고 말하기
- 장소 소개하는 대화 듣기
  Listening to a conversation about a place
- 장소 소개하기
  Talking about a place

읽고 쓰기
- 경험에 대한 글 읽기
  Reading about experiences
- 경험에 대한 글 쓰기
  Writing about experiences

과 제
- 경험 말하기 게임
  Game: talking about experiences

문화 산책
- 한류
  The Korean Wave

발 음
- 'ㅎ' 약화
  Reduction of 'ㅎ'

어 휘 Vocabulary

1. 여러분은 다음 중에서 무엇을 했어요? [보기]와 같이 친구와 이야기해 보세요.

   Look at the pictures below. What have you done in Korea? Talk about your experiences with your partner as shown in the example.

보 기

콘서트

음악회

연극

뮤지컬

전시회

축제

불꽃놀이

사물놀이

배낭여행

아르바이트

번지 점프

스쿠버 다이빙

박물관

미술관

공연장

놀이공원

2. 다음을 이용해서 [보기]와 같이 이야기해 보세요.

Create sentences using the unit nouns below as shown in the example.

한 두 세 네 …	시간 달

일 이 삼 사 …	분 일 주[주일] 개월 년

보 기

1	2	3	4	5	6	7	8	9	10	11	12

분	시간	일	주[주일]	달	개월	년

문법과 표현 1 Grammar and Expression 1

1. V-아/어 보다

track 22

A 제주도에 가 봤어요?

B 네, 가 봤어요.

예
- 작년 여름에 부산에 **가 봤어요**.
- 히엔 씨, 바다에서 낚시**해 봤어요**?
- 한국에 와서 김치를 처음 먹**어 봤어요**.

연습1 여러분은 한국에서 무엇을 해 봤어요? 그림을 보고 [보기]와 같이 이야기해 보세요.
What have you done in Korea? Look at the pictures, ask each other questions, and respond as shown in the example.

보 기

노래방

삼계탕

한국 음식

찜질방

한복

2. N 동안

track 23

A 얼마 동안 여행했어요?

B 일주일 동안 여행했어요.

예

- 오늘 하루 **동안** 서울의 많은 곳을 구경했어요.
- 두 시간 **동안** 쉬지 않고 공부했어요.

연습1 [보기]와 같이 이야기해 보세요.

Ask each other questions and respond as shown in the example.

보 기

얼마 동안
한국어를 공부했어요?

몇 달 동안
부모님을 못 만났어요?

어제 몇 시간 동안
숙제를 했어요?

얼마 동안
한국에서 살 거예요?

방학 동안
뭐 할 거예요?

말하기 1 Speaking 1

track 24

나나	히엔 씨, 방학 동안 뭐 했어요?
히엔	제주도에 갔다 왔어요.
나나	아, 저도 작년에 제주도에 가 봤어요. 제주도에서 낚시해 봤어요?
히엔	네, 낚시도 해 보고 생선회도 먹어 봤어요.
나나	제주도에 얼마 동안 있었어요?
히엔	5일 있었어요. 정말 재미있었어요.

연습1

1) 제주도

낚시 / 생선회

5일

2) 인도

인도 음식 / 요가

한 달

3) 호주

번지 점프 / 사막

일주일

4) 이탈리아

피자 / 배

2주

갔다 오다 to have gone (somewhere) 생선회 raw fish 요가 yoga 사막 desert

연습2 여러분은 어디를 여행해 봤어요? 이야기해 보세요.
Where have you been? Ask your classmates about their travel experiences.

유진 씨는 어디를 여행해 봤어요?

일본에 가 봤어요.

거기에서 뭐 했어요?

일본 라면도 먹어 보고 온천에도 가 봤어요.

얼마 동안 있었어요?

사흘 있었어요. 다음에 다시 한번 가 보고 싶어요.

질문 / 이름	어디를 여행해 봤어요?	거기에서 뭐 했어요?	얼마 동안 있었어요?
유진	일본	일본 라면 온천	3일

온천 hot spring　사흘 three days　다시 again

문법과 표현 2 Grammar and Expression 2

1-1. A-(으)ㄴ데, V-는데 1

track 25

A 콘서트 표가 있는데 같이 가요.

B 네, 좋아요.

예

- 지금 배가 좀 아**픈데** 약 있어요?
- 요즘 한국 요리를 배우**는데** 재미있어요.
- 사전이 없**는데** 좀 빌려주세요.

연습1 그림을 보고 [보기]와 같이 이야기해 보세요.
Create a dialogue for each picture as shown in the example.

보 기

한강 – 불꽃놀이

1)

남산 – 벚꽃 축제

2)

부산 – 국제 영화제

3)

춘천 – 재즈 콘서트

4)

?

빌려주다 to lend   벚꽃 cherry blossoms   국제 international   영화제 movie festival   재즈 jazz

1-2. N인데 1

track 26

A 이 사람은 누구예요?
B 제 친구인데 같은 학교에 다녀요.

예
- 여기는 우리 학교**인데** 외국 학생들이 많아요.
- 이것은 한국의 전통 음식**인데** 아주 맛있어요.

연습1 [보기]와 같이 친구에게 소개해 보세요.
Introduce the following to your classmates as shown in the example.

보 기

세종대왕

- 한글을 만들었어요.
- 한국 사람들이 존경하는 왕이에요.

1) 

제주도

- 한국에서 제일 큰 섬이에요.
- 한라산이 있어요.

2) 

삼계탕

- 닭으로 만들어요.
- 여름에 먹으면 좋아요.

3) 

N서울타워

- 남산에 있어요.
- 올라가면 서울이 잘 보여요.

4) 

- ____________________
- ____________________

존경하다 to respect 왕 king 한라산 a mountain in Jeju 닭 chicken

2. V-(으)ㄹ N

track 27

A 어디 가세요?

B 친구한테 줄 선물을 사러 가요.

예

- 내일은 만**날** 시간이 없어요.
- 교실에 앉**을** 자리가 없어요.
- 저녁에 먹**을** 빵 좀 사 오세요.

연습1 그림을 보고 [보기]와 같이 빈칸에 알맞은 말을 쓰세요.
Fill in the blanks using the pictures below as shown in the example.

> 저는 내일 친구들과 놀러 갑니다. 친구들과 [보기: 놀러 갈] 곳은 여의도공원입니다. 우리는 내일 여의도공원에서 점심을 먹을 겁니다. 저는 내일 친구들하고 1) ______ 음식과 2) ______ 것을 준비해야 합니다. 내일 낮에는 공원에서 놀고 저녁에는 쇼핑을 하려고 합니다. 다음 주에 여행을 가는데 비행기에서 3) ______ 책도 사고 친구에게 4) ______ 선물도 사야 합니다.

보기

1)

2)

3)

4)

자리 seat

말하기 2 Speaking 2

track 28

나 나　줄리앙 씨, 한국 가수 콘서트에 가 봤어요?
줄리앙　아니요, 못 가 봤어요.
나 나　그럼 이번 주말에 시간 괜찮아요? 콘서트 표가 있는데 같이 가요.
줄리앙　미안해요. 저도 가고 싶지만 갈 시간이 없어요.
나 나　왜요? 무슨 일 있어요?
줄리앙　고향에서 친구가 와요.
나 나　그래요? 그럼 다음에 꼭 같이 가요.

연습1

1)
- 한국 가수 콘서트
- 콘서트 표가 있다
- 고향에서 친구가 오다

2)
- 한국 놀이공원
- 놀이공원 표가 있다
- 출장을 가야 하다

3)
- 대학로
- 대학로에서 축제를 하다
- 중요한 약속이 있다

4)
- 덕수궁
- 덕수궁에서 음악회를 하다
- 월요일에 시험이 있다

꼭 surely　출장 business trip　중요하다 to be important　덕수궁 a palace in Seoul

연습2 한 사람은 제안하고 다른 한 사람은 제안을 거절하는 대화를 해 보세요.

Suggest and refuse as shown in the example.

떡볶이를 먹다

야구를 보다

전시회에 가다

?

약속이 있다

공항에 가야 되다

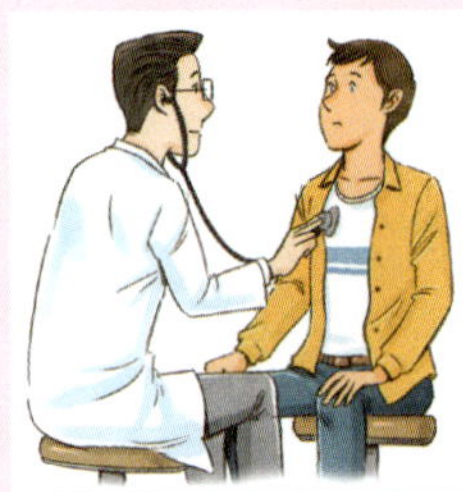
병원에 가야 되다

?

글쎄요 Well, I'm not sure

듣고 말하기 Listening and Speaking

준비 여러분이 한국에서 가 본 곳 중에서 친구들에게 알려 주고 싶은 곳이 있습니까?
Among the places you have been in Korea, which one would you like to introduce to your classmates?

듣기1 잘 듣고 맞는 것을 모두 고르세요. track 29
Listen carefully and choose all the correct statements.

① 공원은 한강에서 가깝습니다.

② 공원 안에서 자전거를 탈 수 있습니다.

③ 두 사람은 주말에 같이 서울 구경을 할 것입니다.

준비 한강에 가 봤습니까? 한강에서 무엇을 할 수 있습니까?
Have you been to the Hangang? What can you do there?

듣기2 잘 듣고 질문에 답하세요. track 30
Listen carefully and answer the following question.

1) 여자가 주말에 하지 <u>않은</u> 일은 무엇입니까?

①

②

③

④

말하기 여러분은 주말에 어디에 다녀왔습니까? 친구들에게 그곳을 소개해 보세요.
Where did you go on the weekend? Introduce those places to your classmates.

읽고 쓰기 Reading and Writing

준비 한국어 말하기 대회나 쓰기 대회에 나가 봤습니까?
Have you entered the Korean language speech contest or writing contest?

읽기 다음을 읽고 질문에 답하세요.
Read the passage and answer the following question.

한국에서 여행해 본 곳

저는 작년 봄에 한국에 왔습니다. 그동안 한국에서 많은 곳에 가 봤는데 특히 부산에 간 것이 가장 기억에 남습니다. 저는 부산에서 영화제에 갔습니다. 부산에서는 매년 가을에 일주일 동안 영화제를 하는데 세계 여러 나라에서 감독과 배우들이 많이 옵니다. 거기서 다른 나라 영화도 많이 보고 유명한 배우들도 만날 수 있어서 참 좋았습니다. 그리고 부산은 바다와 가까워서 생선 요리도 맛있고 구경할 것도 많습니다. 저는 부산에서 생선회를 처음 먹어 봤는데 정말 맛있었습니다. 시간이 있으면 부산에 또 가고 싶습니다.

특히 especially 가장 most 기억에 남다 to remain in one's memory 여러 나라 many countries 감독 director 배우 actor

1) 부산 영화제에 대한 설명으로 맞지 않는 것을 고르세요.

① 영화제는 7일 동안 합니다.

② 영화제는 일 년에 두 번 합니다.

③ 영화제에서 여러 나라 영화를 볼 수 있습니다.

2) 이 글의 내용과 같은 것을 고르세요.

① 부산은 구경거리가 많습니다.

② 이 사람은 매년 부산에 갑니다.

③ 이 사람은 고향에서 생신회를 먹어 봤습니다.

쓰기

여러분은 한국에서 어떤 경험을 했습니까? 다음 중 하나를 골라 써 보세요.
What experiences have you had in Korea? Choose one of the following topics and write about it.

- 내가 만나 본 한국 사람
- 내가 먹어 본 한국 음식
- 한국에서 여행해 본 곳

제목 :

과 제 Task

나만의 특별한 경험을 이야기해 보세요.
Talk about your special experience.

[보기]와 같이 여러분이 한 재미있는 경험을 세 가지 써 보세요.
What special things have you done? Make a list of experiences you have had as shown in the example.

보 기

유럽 배낭여행을 해 봤어요.
사막에서 낙타를 타 봤어요.
한국 가수 콘서트에 가 봤어요.

위에서 쓴 것을 가지고 친구들에게 물어보세요. 친구도 해 봤으면 친구에게 스티커를 붙여 주고 친구가 안 해 봤으면 스티커를 받으세요.
Using your notes, ask your classmates if they have done the same things. Give a sticker to classmates who have had the same experience as you, and receive a sticker from classmates who haven't.

유럽 Europe　낙타 camel

여러분은 스티커가 몇 개 있어요? 누가 가장 재미있는 경험을 했어요?
How many stickers do you have? Who had the most interesting experience?

말하기 대회 speech contest 대회에 나가다 to enter a contest

문화 산책 Culture Note

준비 여러분은 '한류(韓流, Korean Wave)'라는 말을 들어 봤습니까?
Have you ever heard the expression 'Korean Wave'?

알아보기

요즘 우리 나라에 한국 노래나 드라마를 좋아하는 사람들이 많습니다. 저도 한국 노래와 가수를 좋아해서 매일 노래를 듣습니다. 얼마 전에는 한국 노래 대회에도 나갔습니다. 상을 받지는 못했지만 좋은 경험이었습니다.

생각 나누기 여러분이 좋아하는 한국 노래나 영화가 있으면 친구들에게 소개해 주세요.
If you have a favorite Korean song or a movie, share it with your classmates.

상을 받다 to win an award 경험 experience

발 음 Pronunciation

준비 들어 보세요. track 31
Listen to the following sentences.

1) 차 조심하세요.
2) 전화 받으세요.

규칙 모음 사이나 받침 'ㄴ, ㄹ, ㅁ, ㅇ' 뒤의 'ㅎ'은 약하게 발음되는 경향이 있습니다.
When the initial consonant 'ㅎ' is positioned between vowels or after the final consonants 'ㄴ, ㄹ, ㅁ, ㅇ', the pronunciation of 'ㅎ' becomes much weaker.

예] 은행[은행]
영화[영화]
결혼식[결혼식]

연습 잘 듣고 따라 해 보세요. track 32
Listen carefully and repeat the following sentences.

1) 생선회를 먹어 봤어요.
2) 방학 동안 뭐 했어요?
3) 고향에서 친구가 와요.
4) 부모님이 오셔서 공항에 가요.
5) A 같이 영화 보러 갈 수 있어요?
   B 미안해요. 시험이 있어서 갈 시간이 없어요.

자기 평가 Self-Check

1. 다음 중 아는 단어에 √ 하세요.
   Check all the words that you know.

□ 음악회	□ 전시회	□ 박물관	□ 공연장
□ 사물놀이	□ 축제	□ 갔다 오다	□ 특히
□ 존경하다	□ 상을 받다	□ 중요하다	□ 대회에 나가다

2. 알맞은 것을 골라 대화를 만들어 보세요.
   Complete each dialogue using the word in parentheses and the appropriate grammar form in the box.

-아/어 보다	동안	-(으)ㄴ데	-는데	-(으)ㄹ

1) A 한국어를 얼마나 배웠어요?
   B ____________________ 배웠어요. (세 달)

2) A 김치 먹어 봤어요?
   B 네, ____________________. (먹다)

3) A 이거 뭐예요?
   B 친구에게 ________________ 선물이에요. (주다)

4) A 날씨가 _______________ 따뜻한 차 한잔 마실까요? (춥다)
   B 네, 좋아요.

정답

2. 1) 세 달 동안 2) 먹어 봤어요 3) 줄 4) 추운데

번 역 Translation

어휘

콘서트	concert
음악회	(classical) music performance
연극	theater; play
뮤지컬	musical
전시회	exhibition
축제	festival
불꽃놀이	fireworks
사물놀이	samullori; Korean traditional percussion quartet
배낭여행	backpacking
아르바이트	part-time job
번지 점프	bungee jumping
스쿠버 다이빙	scuba diving
박물관	museum
미술관	art museum
공연장	performance hall
놀이공원	amusement park
시간	time
달	month
분	minute
일	day
주[주일]	week
개월	month
년	year

말하기 1

Nana What did you do during vacation, Hien?
Hien I went to Jeju-do.
Nana Oh, I also have been to Jeju-do last year. Did you go fishing on Jeju-do?
Hien Yes, I went fishing and tried raw fish.
Nana How long did you stay there?
Hien I was there for 5 days. It was really fun.

말하기 2

Nana Julian, have you been to a Korean singer's concert?
Julian No, I haven't.
Nana Do you have time this weekend? I have tickets for a concert, let's go together.
Julian I am sorry. I would like to go, but I don't have time to go.
Nana Why? What's going on?
Julian My friend is coming from my hometown.
Nana Really? Then, we must go together next time.

4 옷이 좀 큰 것 같아요
The clothes seem a little too big

학습목표

어 휘	• 의복 Clothing
문법과 표현 1	• A-(으)ㄴ 것 같다, V-는 것 같다, N인 것 같다
말하기 1	• 물건 사기 Buying items
문법과 표현 2	• N보다 • A/V-았으면/었으면 좋겠다
말하기 2	• 물건 교환하기 Exchanging purchases
듣고 말하기	• 상품 교환하는 대화 듣기 Listening to a conversation about an item exchange • 상품 교환 요청하기 Requesting an exchange
읽고 쓰기	• 쇼핑에 대한 글 읽기 Reading a passage about shopping • 쇼핑에 대한 글 쓰기 Writing a passage about shopping
과 제	• 물건 사고파는 역할극하기 Role-play: buying & selling
문화 산책	• 한국의 유명한 시장 Famous markets in Korea
발 음	• 유기음화 1 Aspiration 1

어 휘 Vocabulary

1. 다음 그림에 맞는 단어를 골라 쓰세요.
Choose the correct word from the box and write it under each picture.

블라우스	스웨터	양복	티셔츠	청바지	양말	넥타이	장갑	스카프

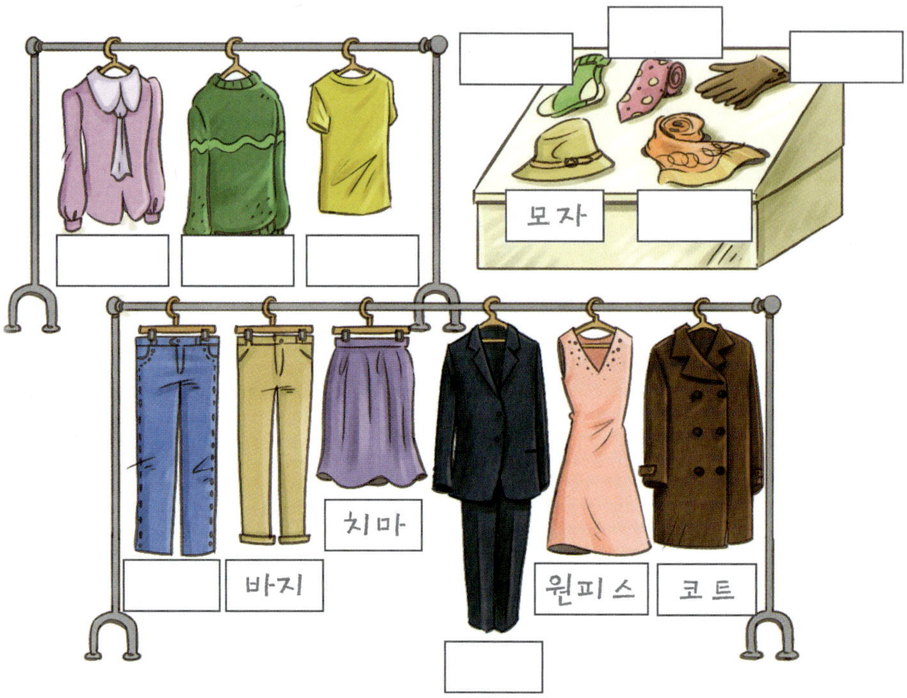

2. 그림을 보고 [보기]와 같이 말해 보세요.
Describe the picture as shown in the example.

입다	쓰다	끼다	하다	신다

보 기

3. 여러 가지 옷에 대해 [보기]와 같이 이야기해 보세요.

Talk about clothes as shown in the example.

보 기

저는 이 옷이 마음에 안 들어요.
색깔이 너무 어두워요.

이 코트는 길이가 길어서
키가 큰 사람에게 잘 어울려요.

마음에 들다　　마음에 안 들다　　잘 어울리다　　잘 안 어울리다

사이즈	가격	색깔	길이
• 좀 크다 • 잘 맞다 • 좀 작다	• 비싸다 • 싸다	• 밝다 • 어둡다	• 길다 • 짧다

문법과 표현 1 Grammar and Expression 1

1. A-(으)ㄴ 것 같다, V-는 것 같다, N인 것 같다

track 33

A 준호는 지금 뭐 해요?

B 공부하는 것 같아요.

예

- 유진 씨가 오늘 기분이 좋**은 것 같아요**.
- 지금 밖에 비가 오**는 것 같아요**.
- 저 사람은 우리 학교 학생**인 것 같아요**.

연습1 그림을 보고 [보기]와 같이 이야기해 보세요.

Create a sentence for each picture as shown in the example.

보 기

1) 

2) 

3) 

4) 

연습2 그림을 보고 [보기]와 같이 대화를 만들어 보세요.

Create a dialogue for each picture as shown in the example.

보 기

구두 사이즈 / 좀 작다

1)

옷값 / 좀 비싸다

2)

떡볶이 맛 / 좀 맵다

3)

책 내용 / 좀 어렵다

4)

치마 길이 / 좀 길다

5)

안경 디자인 / 안 어울리다

6)

청바지 사이즈 / 잘 맞다

옷값 price of clothes　맛 taste　내용 content　디자인 design

말하기 1 Speaking 1

track 34

점원	손님, 어떤 옷을 찾으세요?
유진	코트 좀 보려고 왔어요.
점원	이건 어떠세요? 요즘 유행하는 스타일이에요.
유진	네, 한번 입어 볼게요.

· · ·

점원	어떠세요? 마음에 드세요?
유진	사이즈가 좀 큰 것 같아요.
점원	그럼 한 사이즈 작은 거로 보여 드릴게요. 잠깐만 기다리세요.

연습1

1) 코트 / 사이즈가 좀 크다 / 한 사이즈 작다

2) 청바지 / 색깔이 좀 어둡다 / 밝다

3) 스웨터 / 가격이 좀 비싸다 / 조금 싸다

4) 원피스 / 길이가 좀 길다 / 짧다

유행하다 to be in fashion

연습2 이번 주말에 친구 결혼식에 입고 갈 옷을 사러 갔습니다. 점원과 손님이 되어 이야기해 보세요.
You went to the clothing store to buy something to wear for your friend's wedding. Take the role of a sales person or a customer, and practice the dialogues below.

· · ·

● 사야 할 것

● 마음에 들지 않는 이유

☐ 사이즈 ☐ 색깔 ☐ 가격
☐ 길이 ☐ 디자인 ☐ ________

· 쇼핑할 때
When shopping

이거로 할게요. / 이거로 주세요.
다른 거로 보여 주세요.
한 사이즈 작은 거로 보여 주세요.

문법과 표현 2 Grammar and Expression 2

1. N보다

track 35

A 이 치마보다 더 밝은 색은 없어요?

B 있어요. 잠깐만 기다려 주세요.

예

- 구두**보다** 운동화가 더 편해요.
- 저는 여름**보다** 겨울을 더 좋아해요.

연습1 그림을 보고 [보기]와 같이 이야기해 보세요.

Look at the pictures and answer each question as shown in the example.

보 기

1)

산

바다

2)

여름

겨울

3)

도시

시골

4)

무서운 영화

코미디 영화

훨씬 much; a lot 시골 rural area

2. A/V-았으면/었으면 좋겠다

track 36

A 이 구두는 어떠세요?

B 디자인은 좋은데 발이 좀 불편해요.
사이즈가 좀 더 컸으면 좋겠어요.

예
- 사이즈가 좀 더 **컸으면 좋겠어요.**
- 크리스마스에 눈이 **왔으면 좋겠어요.**

연습1 어러분의 20년 후를 상상헤 보세요. 20년 후에 어땠으면 좋겠어요? 어떤 사람이 되었으면 좋겠어요? [보기]와 같이 말해 보세요.

Imagine yourself 20 years from now. What do you hope it will be like in 20 years? What kind of person would you like to be?

보기

건강하다 to be healthy

말하기 2 Speaking 2

track 37

점 원	어서 오세요. 찾으시는 거 있으세요?
아키라	어제 이 넥타이를 샀는데 다른 거로 바꿨으면 좋겠어요.
점 원	왜요? 마음에 안 드세요?
아키라	네, 색깔이 너무 어두운 것 같아요. 이것보다 좀 더 밝은 거 있어요?
점 원	그럼 이건 어떠세요? 한번 해 보세요.

· · ·

점 원	잘 어울리시네요. 이거로 드릴까요?
아키라	네, 이거로 주세요.

연습1

1) 넥타이 / 색깔이 너무 어둡다 / 밝다 / 하다

2) 바지 / 길이가 좀 짧다 / 길다 / 입다

3) 장갑 / 좀 작다 / 크다 / 끼다

4) 구두 / 굽이 좀 높다 / 낮다 / 신다

굽이 높다 (shoe) heels are high

연습2 어제 가게에서 물건을 샀는데 다른 것으로 바꾸려고 합니다. 이야기해 보세요.
You would like to exchange some items you have purchased in a store yesterday. Practice the dialogues with your partner.

· · ·

• **물건을 교환하거나 환불할 때**
When exchanging items or getting a refund

다른 색깔로 교환해 주세요.
한 사이즈 큰 거로 바꿔 주세요.
환불해 주세요.

교환하다 to exchange　환불하다 to refund

듣고 말하기 Listening and Speaking

준비 여러분은 선물을 받았는데 마음에 안 들면 어떻게 합니까?
What would you do if you received a gift you didn't like?

듣기1 잘 듣고 맞는 것을 고르세요. track 38
Listen carefully and choose the correct statement.

① 여자는 백화점에 갔습니다.

② 여자는 어제 옷을 샀습니다.

③ 여자는 옷을 바꾸고 싶습니다.

준비 여러분 나라에서는 교환이나 환불을 하려면 무엇이 필요합니까?
What is necessary when you exchange or request a refund in your country?

듣기2 잘 듣고 질문에 답하세요. track 39
Listen carefully and answer the following question.

1) 손님은 선물받은 옷을 어떤 옷으로 바꾸려고 합니까? 맞는 것을 고르세요.

①

②

③

말하기 다음은 여러분이 받은 선물입니다. 마음에 안 드는 선물을 교환해 보세요.

The following items are gifts received from someone. Try to exchange the present you do not like for a different item.

등산화 hiking boots

읽고 쓰기 Reading and Writing

준비 여러분은 보통 어디에서 쇼핑을 합니까?
Where do you usually go shopping?

읽기 다음을 읽고 질문에 답하세요.
Read the passage and answer the following questions.

한국에서 쇼핑해 봤어요?

저는 쇼핑하는 것을 좋아합니다. 시간이 있으면 백화점이나 시장에 가서 구경을 합니다. 특히 시장은 우리 고향에 없는 여러 가지 물건을 구경할 수 있어서 재미있습니다. 그리고 한국 사람들과 이야기하면서 한국말 연습도 할 수 있어서 좋습니다.

하지만 요즘은 공부할 것이 많아서 쇼핑할 시간이 별로 없습니다. 그래서 필요한 것이 있으면 인터넷으로 삽니다. 인터넷으로 사면 시간도 절약할 수 있고 직접 가서 사는 것보다 더 싸서 좋은 것 같습니다.

어제 인터넷에서 티셔츠와 운동화를 주문했는데 오늘 오후에 받았습니다. 티셔츠는 사이즈도 잘 맞고 디자인도 마음에 들었지만, 운동화는 좀 작아서 불편했습니다. 그래서 큰 사이즈로 바꾸려고 이메일을 보냈습니다. 빨리 새 운동화가 왔으면 좋겠습니다.

필요하다 to be necessary 절약하다 to conserve 직접 directly 주문하다 to order

1) 이 글의 내용과 같은 것을 고르세요.

① 요즘 시간이 없어서 인터넷으로 물건을 삽니다.

② 티셔츠 사이즈를 바꾸려고 이메일을 보냈습니다.

③ 어제 산 운동화의 디자인이 마음에 들지 않습니다.

2) 시장과 인터넷 쇼핑의 좋은 점을 찾아 쓰세요.

시장	인터넷 쇼핑
•	•
•	•

쓰기 여러분은 주로 어디에서 쇼핑을 합니까? 왜 거기에서 쇼핑을 합니까? 써 보세요.
Where do you usually go shopping? Why do you shop there? Write about your shopping experiences.

과 제 Task

물건을 사고파는 역할극을 해 보세요.
You are going to do a shopping role-play.

가게 주인과 손님을 정해 보세요.
Choose the role of a shop owner or a customer.

손님은 활동 카드를 하나씩 뽑아서 무엇을 사야 할지 생각해 보세요. (활동지 → p.224)
The student who takes the role of a customer will pick a card and decide what to buy.

다음 주 월요일에
회사 면접이 있습니다.

이번 주말에 한국 친구의
결혼식에 가려고 합니다.

다음 주에 사랑하는 사람과
하와이로 여행을 가려고 합니다.

가게를 돌아다니면서 필요한 물건을 사세요. 산 물건 중에 마음에 안 드는 것이 있으면 교환하세요.
Shop around and buy what you need. If you don't like any of the items you purchased, exchange them.

여러분은 어떤 물건을 샀어요? 그 물건을 왜 샀는지 이야기해 보세요.
What did you buy? Talk about the reason why you bought the item.

면접 job interview

어서 오세요.
어떻게 오셨어요?
양복 좀 보려고 왔어요.
이건 어떠세요?
얼마예요?
좀 작은 것 같아요.
한번 신어 보세요.
어느 게 더 어울려요?
이게 더 잘
어울리는 것 같아요.

문화 산책 Culture Note

준비 여러분은 한국에서 시장에 가 봤습니까? 무슨 시장에 가 봤습니까?
Have you been to an open market in Korea? Which market did you go to?

알아 보기

저는 주말에 고향 친구들과 생선 요리를 만들어 먹으려고 합니다. 그런데 좋은 생선을 살 수 있는 시장을 몰라서 한국 친구에게 물어봤는데 노량진에 있는 수산 시장을 소개해 주었습니다. 한국에서 수산 시장에 처음 가 봤는데 시장이 크고 처음 보는 생선도 많았습니다. 그리고 우리 동네보다 값도 싸고 생선도 더 싱싱했습니다. 이곳을 모르는 친구들에게 소개해 주고 싶습니다.

생각 나누기 여러분 나라에도 유명한 시장이 있습니까? 친구들에게 소개해 주세요.
Is there a famous market in your country? Introduce it to your classmates.

물어보다 to ask　노량진 a place in Seoul　수산 시장 fisheries wholesale market　동네 town; neighborhood　싱싱하다 to be fresh

발 음 Pronunciation

준비 들어 보세요. track 40
Listen to the following sentences.

1) 이렇게 해 보세요.
2) 디자인은 좋지만 좀 비싸요.

규칙 받침 'ㅎ'은 뒤에 오는 'ㄱ, ㄷ, ㅈ'과 합쳐져서 [ㅋ, ㅌ, ㅊ]으로 발음됩니다.
When the final consonant 'ㅎ' is followed by the initial consonants 'ㄱ, ㄷ, ㅈ', 'ㄱ, ㄷ, ㅈ' are pronounced as [ㅋ, ㅌ, ㅊ].

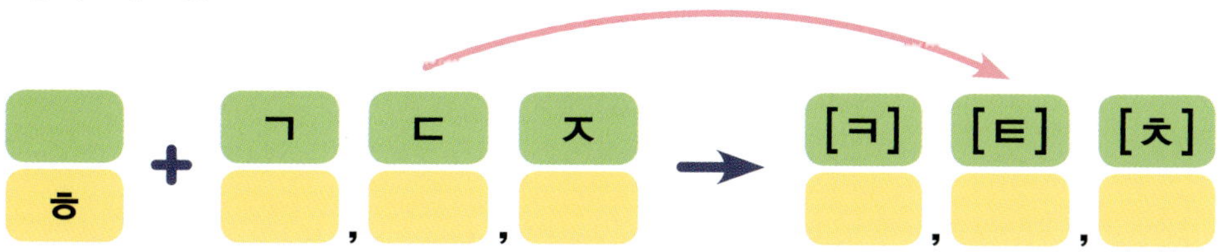

예] 좋고[조코]
넣다[너타]
싫지만[실치만]

연습 잘 듣고 따라 해 보세요. track 41
Listen carefully and repeat the following sentences.

1) 어떻게 오셨어요?
2) 다른 거로 바꿨으면 좋겠어요.
3) 고추장을 너무 많이 넣지 마세요.
4) 싫으면 싫다, 좋으면 좋다, 말을 좀 하세요.
5) A 아키라 씨 좀 바꿔 주세요.
   B 네, 끊지 말고 기다리세요.

넣다 to put 고추장 red pepper paste

자기 평가 Self-Check

1. 다음 중 아는 단어에 √ 하세요.
Check all the words that you know.

□ 청바지	□ 장갑	□ 신다	□ 끼다
□ 가격	□ 길이	□ 훨씬	□ 직접
□ 어울리다	□ 마음에 들다	□ 교환하다	□ 필요하다

2. 알맞은 것을 골라 대화를 만들어 보세요.
Complete each dialogue using the word in parentheses and the appropriate grammar form in the box.

–(으)ㄴ 것 같다	–는 것 같다	보다	–았으면/었으면 좋겠다

1) A 오늘 히엔 씨가 학교에 안 왔네요.
   B 아침에 병원에 갔어요. 많이 ____________________. (아프다)

2) A 이 옷 어때요? 마음에 들어요?
   B 색깔은 마음에 드는데 좀 짧아요. 길이가 좀 ____________________. (길다)

3) A 요즘 베이징 날씨는 어때요?
   B ______________ 더 추워요. (서울)

정답

2. 1) 아픈 것 같아요 2) 길었으면 좋겠어요 3) 서울보다

번 역 Translation

어휘

블라우스	blouse
스웨터	sweater
양복	suit
티셔츠	T-shirt
청바지	(blue) jeans
양말	socks
넥타이	tie
장갑	gloves
스카프	scarf
입다	to wear (clothes)
쓰다	to wear (hat, glasses)
끼다	to wear (gloves, glasses)
하다	to wear (tie, necklace)
신다	to wear (foot wear)
마음에 들다	to like
마음에 안 들다	to not like
잘 어울리다	to match well
잘 안 어울리다	to not match well
사이즈	size
가격	price
색깔	color
길이	length
좀 크다	to be a little big
잘 맞다	to fit well
좀 작다	to be a little tight
비싸다	to be expensive
싸다	to be cheap
밝다	to be bright
어둡다	to be dark
길다	to be long
짧다	to be short

말하기 1

Salesperson What are you looking for?
Yujin I am looking for a coat.
Salesperson How about this? This is in fashion.
Yujin Okay, I will try it on then.

. . .

Salesperson How do you like it?
Yujin It seems a little big.
Salesperson Then I'll show you a smaller size. Please wait a moment.

말하기 2

Salesperson Please come in. Is there something that you are looking for?
Akira I bought this tie yesterday and I would like to exchange it for another one.
Salesperson Why? You don't like it?
Akira No. It seems too dark for me. Do you have something brighter than this?
Salesperson Then, how about this? Try it on.

. . .

Salesperson It looks good on you. Would you like to purchase it?
Akira Yes, I will take this one.

5 어디에 가면 좋을까요?

Where would be a good place to go?

학 습 목 표

어 휘	• 여행 Travel
문법과 표현 1	• A/V-(으)ㄹ까요? • A/V-(으)ㄹ 거예요
말하기 1	• 여행지 추천하기 Recommending travel destinations
문법과 표현 2	• A/V-(으)니까, N(이)니까 • V-고 나서
말하기 2	• 여행 상품 알아보기 Finding out about package tours
듣고 말하기	• 예약하는 대화 듣기 Listening to conversations about making a reservation • 항공권 예약하기 Reserving flight tickets
읽고 쓰기	• 여행 광고 읽기 Reading travel brochures • 여행지 소개하는 광고 만들기 Writing travel brochures
과 제	• 여행 정보 알아보기 Finding out travel information
문화 산책	• 한국의 숙박 시설 Lodging facilities in Korea
발 음	• 비음화 2 Nasalization 2

어 휘 Vocabulary

1. 광고를 보고 [보기]와 같이 빈칸에 알맞은 단어를 골라 쓰세요.
Look at the advertisement and fill in each blank with the appropriate word as shown in the example.

기간 교통편 숙소 요금 일정

2. 그림을 보고 [보기]와 같이 빈칸에 알맞은 단어를 골라 쓰세요.
Look at the pictures and fill in the table with the appropriate words as shown in the example.

항공료 숙박비 식비 입장료 여행자 보험료

제주도 여행

보 기	여행자 보험료	30,000원
	________	120,000원
	________	200,000원
	________	100,000원
	________	30,000원

3. 그림을 보고 맞는 것에 ✓ 하세요.

Look at the flight reservation page and check the correct answers.

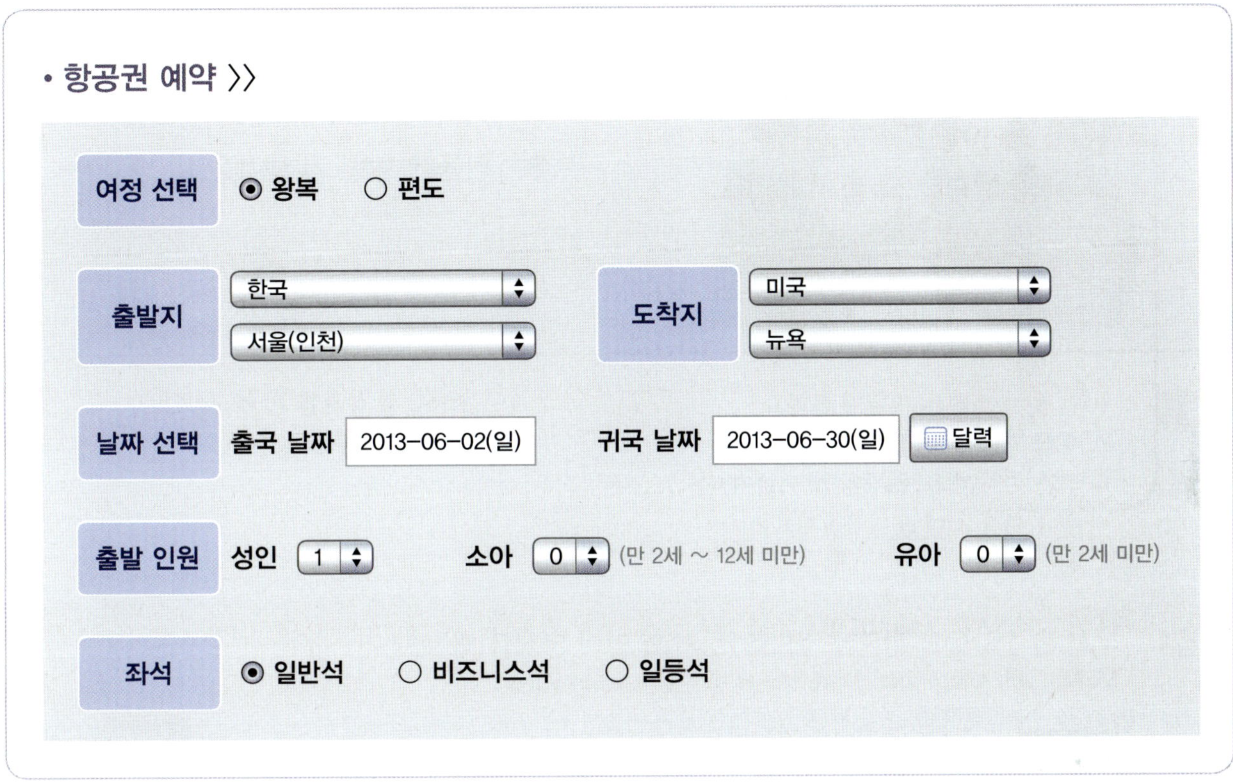

1) 이 사람은 (□ 왕복 □ 편도) 항공권을 예약했습니다.

2) 이 사람은 인천에서 (□ 출발 □ 도착)해서 뉴욕에 (□ 출발 □ 도착)하는 항공권을 사려고 합니다.

3) (□ 출국 □ 귀국) 날짜는 6월 2일이고 (□ 출국 □ 귀국) 날짜는 6월 30일입니다.

4) 자리는 (□ 일반석 □ 비즈니스석 □ 일등석)입니다.

문법과 표현 1 Grammar and Expression 1

1. A/V-(으)ㄹ까요?

track 42

A 어머니하고 어디에 가면 좋을까요?

B 안동에 한번 가 보세요.

예

- 이 옷이 스티븐 씨에게 **클까요**?
- 제가 그걸 혼자 할 수 있**을까요**?
- 히엔 씨가 매운 음식을 잘 먹**을까요**?
- 나나 씨가 집에 도착했**을까요**?

연습1 우리 반 친구들과 관련된 것으로 [보기]와 같이 문제를 내 보세요.
Make a quiz about your classmates as shown in the example.

보 기

이것은 무엇일까요?

이 사람은 누구일까요?

여기는 어디일까요?

2. A/V-(으)ㄹ 거예요

track 43

A 어머니가 안동을 좋아하실까요?

B 아마 좋아하실 거예요.

예

- 이 신발이 민수 씨에게 작**을 거예요**.
- 오늘 나나 씨가 아마 학교에 못 **올 거예요**.
- 수업이 끝났을까요?
  – 네, 끝났**을 거예요**.

연습1 [보기]와 같이 이야기해 보세요.
Ask your classmates for advice as shown in the example.

보 기

한국어를 더 잘하고 싶어요

담배를 끊고 싶은데 너무 어려워요

친구와 싸웠는데 다시 잘 지내고 싶어요

돈을 많이 모으고 싶어요

아마 maybe 담배를 끊다 to quit smoking 돈을 모으다 to save money

말하기 1 Speaking 1

track 44

마리코	다음 주에 친구가 한국에 와요.
지 연	그래요? 여행 오는 거예요?
마리코	네, 그런데 친구하고 어디에 가면 좋을까요?
지 연	안동에 가 봤어요? 안 가 봤으면 한번 가 보세요.
마리코	안동이 어떤 곳이에요?
지 연	경치도 아름답고 한국의 전통문화도 느낄 수 있는 곳이에요. 친구가 좋아할 거예요.
마리코	아, 그래요? 안동 가는 패키지여행이 있을까요?
지 연	네, 있을 거예요. 여행사에 가서 한번 알아보세요.

연습1

1)
- 친구
- 안동
- 경치도 아름답다
- 한국의 전통문화도 느낄 수 있다

2)
- 친구
- 부산
- 바다도 볼 수 있다
- 맛있는 음식도 많다

3)
- 동생
- 전주
- 음식도 맛있다
- 전통 공연도 볼 수 있다

4)
- 남자(여자) 친구
- 춘천
- 거리도 가깝다
- 구경할 것도 많다

전통문화 traditional culture　느끼다 to feel　패키지여행 package tour　알아보다 to find out; to search　공연 performance　거리 distance

연습2 어디에 가면 좋을까요? 이야기해 보세요.

Where would be a good place to go? Talk about it with your classmates.

친구들과 여행 가려고 하는데 어디가 좋을까요?

며칠 동안 갈 거예요?

토요일 하루만 가려고요. 거리가 가깝고 교통편이 좋았으면 좋겠어요.

그럼 춘천이 어때요?

춘천에 가면 뭘 할 수 있어요?

여행 가는 사람	한국어 반 친구들
기간	토요일 하루
바라는 점	거리가 가깝고 교통편이 좋다

여행 가는 사람	가족
기간	금요일 ~ 일요일(2박 3일)
바라는 점	맛있는 음식도 먹고 푹 쉴 수 있다

여행 가는 사람	혼자
기간	일주일
바라는 점	경치가 좋고 숙소가 편하다

며칠 how many days 바라다 to wish 박 number of nights for a period of stay

문법과 표현 2 Grammar and Expression 2

1. A/V-(으)니까, N(이)니까

track 45

A 여행 일정이 어떻게 돼요?

B 여기 자세한 일정이 있으니까 한번 보세요.

예

- 오늘은 바쁘**니까** 내일 만납시다.
- 스티븐 씨는 책을 많이 읽**으니까** 책을 선물하세요.
- 오늘은 토요일**이니까** 문을 일찍 닫을 거예요.

연습1 친구와 여행을 갑니다. 그림을 보고 [보기]와 같이 여행 계획을 세워 보세요.
You are taking a trip with your friends. Make travel plans for each picture as shown in the example.

보 기

교통편

여행지

숙소

여행 방법

식사

자세하다 to be detailed　여행지 travel destination　방법 way

2. V-고 나서

track 46

A 지금 예약하시겠습니까?

B 아니요, 생각해 보고 나서 연락드릴게요.

예

- 한국어 공부를 마치**고 나서** 대학원에 가려고 해요.
- 이 책을 다 읽**고 나서** 친구에게 빌려줄 거예요.

연습1 여러분은 무엇을 먼저 합니까? [보기]와 같이 이야기해 보세요.
Which do you do first? Create dialogues as shown in the example.

보 기

이를 닦다 / 세수하다	양말을 신다 / 바지를 입다
화장을 하다 / 옷을 입다	밥을 먹다 / 물을 마시다

생각하다 to think　대학원 graduate school　마치다 to bring something to an end

말하기 2 Speaking 2

track 47

직 원　어서 오세요.

마리코　1박 2일로 안동에 가려고 하는데 어떤 여행 상품이 있어요?

직 원　언제 가실 거예요?

마리코　다음 주말에 가려고 해요.

직 원　그럼 토요일 아침에 출발하는 게 있는데 어떠세요? 자세한 일정은 여기 있으니까 한번 보세요.

마리코　네, 좋네요. 그런데 요금이 어떻게 돼요?

직 원　한 분에 10만 원인데 교통비와 숙박비가 포함되어 있습니다.

마리코　네, 알겠습니다. 생각해 보고 나서 연락드릴게요.

직 원　네, 연락 주세요.

연습1

1) 1박 2일

10만 원

숙박비

2) 당일

3만 원

입장료

3) 2박 3일

20만 원

숙박비

4) 당일

10만 원

여행자 보험료

여행 상품 tour product　포함되어 있다 to be included　당일 that day

연습2 주말에 여행을 가려고 합니다. 한 사람은 손님, 다른 사람은 여행사 직원이 되어서 이야기해 보세요. 여행사 직원은 부록에 있는 활동지를 보고 설명해 주세요. (활동지 → p.225)

You are planning a trip for the weekend. Choose the role of a customer or a travel agent and practice conversation. The student who takes the role of a travel agent will use the activity sheet in this textbook to give information.

· · ·

● 여행하고 싶은 곳

☐ 안동

☐ 거제도

☐ 설악산

☐ 경주

● 알아볼 것

☐ 여행 기간　☐ 교통편　☐ 요금　☐ 일정

추천하다 to recommend　부석사 a temple in Korea　거제도 an island in Korea

듣고 말하기 Listening and Speaking

준비 여러분은 여행을 가기 전에 뭘 준비합니까?
What do you prepare before a trip?

듣기1 잘 듣고 맞는 것을 고르세요. track 48
Listen carefully and choose the correct statement.

① 남자는 전화로 호텔을 예약했습니다.

② 이번 주 토요일에는 빈방이 없습니다.

③ 이 호텔의 숙박비는 하루에 16만 원입니다.

준비 여러분은 비행기 표를 어떻게 예약합니까?
How do you reserve a flight ticket?

듣기2 잘 듣고 빈칸에 알맞은 답을 쓰세요. track 49
Listen carefully and fill in the blanks.

여행 가는 사람	아키라
여행지	________
한국 출발 날짜	_____일
한국 도착 날짜	_____일
왕복 요금	________원

빈방 vacancy

말하기 다음은 여러분의 여행 일정입니다. 일정에 맞게 비행기 표를 예약해 보세요.
The following are travel schedules. Read the schedules and reserve the right flight tickets.

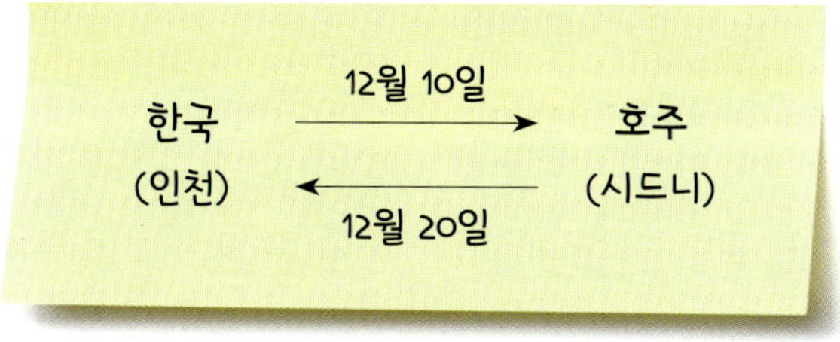

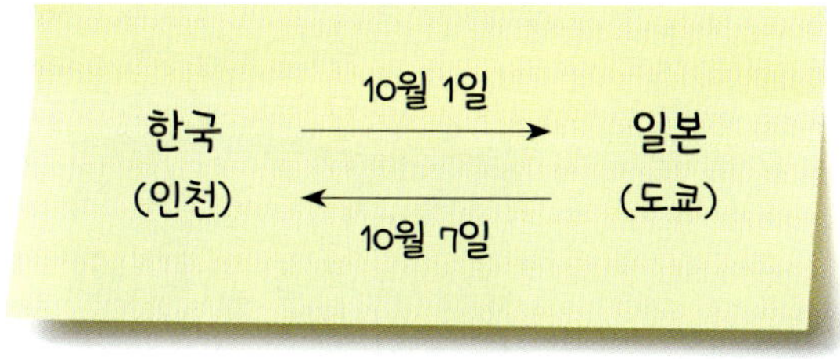

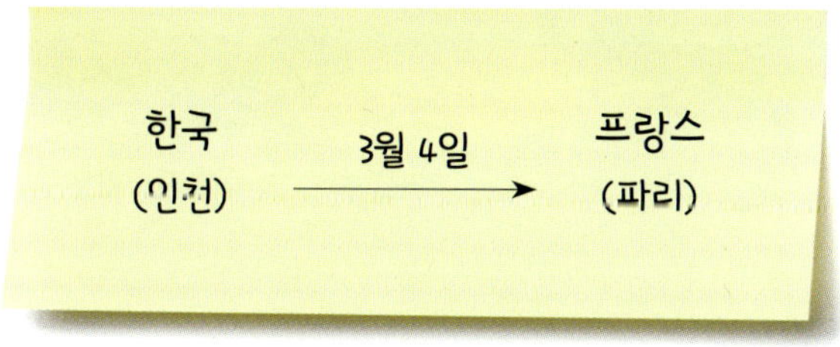

· · ·

읽고 쓰기 Reading and Writing

준비 여러분은 여행을 갈 때 가장 중요하게 생각하는 것이 무엇입니까?
What do you consider to be the most important when you travel?

☐ 숙소가 좋다

☐ 경치가 아름답다

☐ 가이드가 있다

☐ 구경거리가 많다

☐ 교통편이 좋다

☐ 음식이 맛있다

읽기 다음 광고를 보고 질문에 답하세요.
Look at the advertisement and answer the following questions.

자유여행 이달의 도시
터키

동서양이 만나는 곳, 터키

터키는 아시아와 유럽 사이에 있어서 동양과 서양의 역사와 문화를 모두 느낄 수 있는 곳입니다. 터키에는 오래된 건축물과 아름다운 자연 등 다양한 구경거리가 있습니다. 한 번의 여행으로 여러 가지 경험을 하고 싶은 분에게 터키를 추천합니다. 좋은 날씨와 맛있는 음식, 그리고 친절한 사람들이 있는 터키를 만나 보세요.

가이드 guide 동서양 East and West 사이 gap; between 동양 the Orient 서양 the West 오래되다 to be old 건축물 architecture 자연 nature 등 etc; and so on 다양하다 to be various

1) 이 광고에서 말하는 터키 여행의 좋은 점을 모두 고르세요.

① 좋은 날씨

② 맛있는 음식

③ 친절한 가이드

④ 아름다운 자연

2) '동서양이 만나는 곳'이라는 말은 무슨 뜻입니까?

____

쓰기 여러분 나라에서 어디를 여행하면 좋습니까? 여행 광고를 만들어 보세요.
Where is a good place to travel to in your country? Create a travel advertisement.

자유여행 **이달의 도시**

과 제 Task

여러분이 가고 싶은 곳을 정해서 여행 정보를 알아보세요.

Choose a place you want to visit and find out travel information.

먼저 여행사 직원과 손님을 정합니다.

Choose the role of a travel agent or a customer.

손님은 여행 계획을 세우고 여행사에 가서 알고 싶은 것을 어떻게 질문할지 생각해 보세요. (활동지 → p.226)

The student who takes the role of a customer will make plans for a trip, and think of questions to ask the travel agent.

직원은 손님에게 안내할 것에 대해 생각해 보세요. (활동지 → p.227)

The student who takes the role of an agent will prepare information to provide to a customer.

손님은 여행사에 가서 알고 싶은 것을 물어보세요.

Go to a travel agency and ask questions.

직원은 손님의 질문에 대답해 주세요.

Answer the customer's questions.

여러분이 알아본 여행지에 대해 반 친구들에게 이야기해 보세요.

Tell your classmates about the travel destination information you received from the travel agent.

가지고 가다 to bring; to take

문화 산책 Culture Note

준비 한국에서 여행을 가면 어떤 숙박 시설을 이용합니까?
When you travel in Korea, what type of lodging facilities do you use?

호텔

콘도

펜션

게스트하우스

민박

알아보기

저는 지난 주말에 안동에 다녀왔습니다. 안동은 한국 전통문화를 보고 느낄 수 있는 곳으로 유명합니다. 안동에는 숙소로 이용할 수 있는 전통 한옥이 있습니다. 저도 이번에 한옥에서 처음 자 봤는데 한국의 전통적인 분위기가 참 좋았습니다.

생각 나누기 여러분 나라에도 한옥처럼 특별한 숙박 시설이 있습니까?
Are there any special accommodations of a traditional nature in your country?

콘도 condo　펜션 rental cottage　게스트하우스 guest house　민박 private rental room service　이용하다 to use　한옥 traditional Korean style house
전통적 traditional　분위기 atmosphere

발 음 Pronunciation

준비 들어 보세요. track 50
Listen to the following sentences.

1) 냉장고에 음료수가 있어요.
2) 친구를 만나러 종로에 가요.

규칙 ‘ㄹ’은 받침 ‘ㅁ, ㅇ’ 뒤에서 [ㄴ]으로 발음됩니다.
When the initial consonant ‘ㄹ’ follows the final consonants ‘ㅁ, ㅇ’, ‘ㄹ’ is pronounced as [ㄴ].

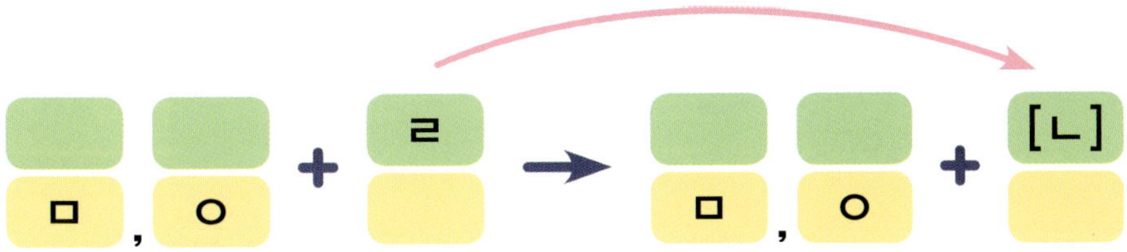

예] 음료수[음뇨수]
대통령[대통녕]

연습 잘 듣고 따라 해 보세요. track 51
Listen carefully and repeat the following sentences.

1) 여행 요금에 입장료가 포함되어 있습니다.
2) 어떤 종류의 음료수를 좋아하세요?
3) 등록금이 얼마예요?
4) 한국의 추석은 음력 8월 15일입니다.
5) A 학교에서 종로까지 얼마나 걸려요?
B 한 시간쯤 걸려요.

대통령 president 종류 kind 등록금 tuition

자기 평가 Self-Check

1. 다음 중 아는 단어에 ✓ 하세요.
Check all the words that you know.

☐ 기간	☐ 교통편	☐ 숙소	☐ 일정
☐ 항공료	☐ 숙박비	☐ 왕복	☐ 좌석
☐ 느끼다	☐ 다양하다	☐ 생각하다	☐ 추천하다

2. 알맞은 것을 골라 대화를 만들어 보세요.
Complete each dialogue using the word in parentheses and the appropriate grammar form in the box.

–(으)ㄹ까요	–(으)ㄹ 거예요	–(으)니까	–고 나서

1) A 오늘 줄리앙 씨가 학교에 올까요?
B 아마 ____________________. (안 오다)

2) A ____________________ 뭘 할 거예요? (졸업하다)
B 아직 잘 모르겠어요.

3) A 택시 타고 갈까요?
B 지금 ____________________ 지하철이 더 빠를 거예요. (길이 복잡하다)

정답
2. 1) 안 올 거예요 2) 졸업하고 나서 3) 길이 복잡하니까

번 역 Translation

어휘

기간	period	항공권	flight ticket
교통편	transportation	왕복	round trip
숙소	accommodation	편도	one way
요금	charge; fee	출발	departure
일정	schedule	도착	arrival
		출국 날짜	departure date
항공료	airfare	귀국 날짜	return date
숙박비	room charge	좌석	seat
식비	food expenses	일반석	economy class
입장료	entrance fee	비즈니스석	business class
여행자 보험료	traveler's insurance premium	일등석	first class

말하기 1

Mariko My friend is coming to Korea next week.
Jiyeon Really? Is your friend coming to visit?
Mariko Yes. Where would be a good place to take my friend?
Jiyeon Have you ever been to Andong? If you haven't, you should go there.
Mariko What is it like?
Jiyeon It is a place with beautiful scenery where you can feel the traditional culture of Korea. Your friend will like it.
Mariko Oh, is that so? I wonder if there is a tour package for Andong.
Jiyeon Yes, there are some. Go to a travel agency and find out.

말하기 2

Agent Please come in.
Mariko I intend to go on a trip to Andong for one night and two days. What kind of tour package is available?
Agent When are you going?
Mariko I intend to go next weekend.
Agent So then, there is a tour that departs on Saturday morning. How would that be? Here are some schedule details. You can take a look.
Mariko It looks good. How much is the fee?
Agent It is 100,000 won per person; transportation and lodging are included.
Mariko Okay, I see. I will think about it and get back to you.
Agent Okay, give us a call back later.

6 비행기로 보내면 얼마예요?

How much is it if I send it by airmail?

학 습 목 표

어 휘	• 우체국 Post office • 은행 Bank
문법과 표현 1	• N(으)로 • N(이)라서
말하기 1	• 소포 보내기 Sending a package
문법과 표현 2	• '르' 불규칙 • V-(으)면 되다 • V-(으)ㄴ 것 같다
말하기 2	• 환전하기 Exchanging money
듣고 말하기	• 택배 문의하는 전화 대화 듣기 Listening to a telephone conversation about asking for delivery service • 택배 신청하는 전화하기 Telephoning to request delivery service
읽고 쓰기	• 인터넷 게시판 글 읽기 Reading an online bulletin board • 인터넷 게시판에 답글 쓰기 Writing a reply on an online bulletin board
과 제	• 우체국에 가서 편지 보내기 Mailing a letter at the post office
문화 산책	• 한국의 우체국 Post office in Korea
발 음	• 경음화 2 Glottalization 2

어 휘 Vocabulary

1. 사람들이 무엇을 하고 있습니까? 그림을 보고 [보기]와 같이 말해 보세요.
What are they doing? Look at the picture and make sentences as shown in the example.

우표를 붙이다	주소를 쓰다	봉투에 넣다
편지를 부치다[보내다]	엽서를 부치다[보내다]	소포를 포장하다

보 기

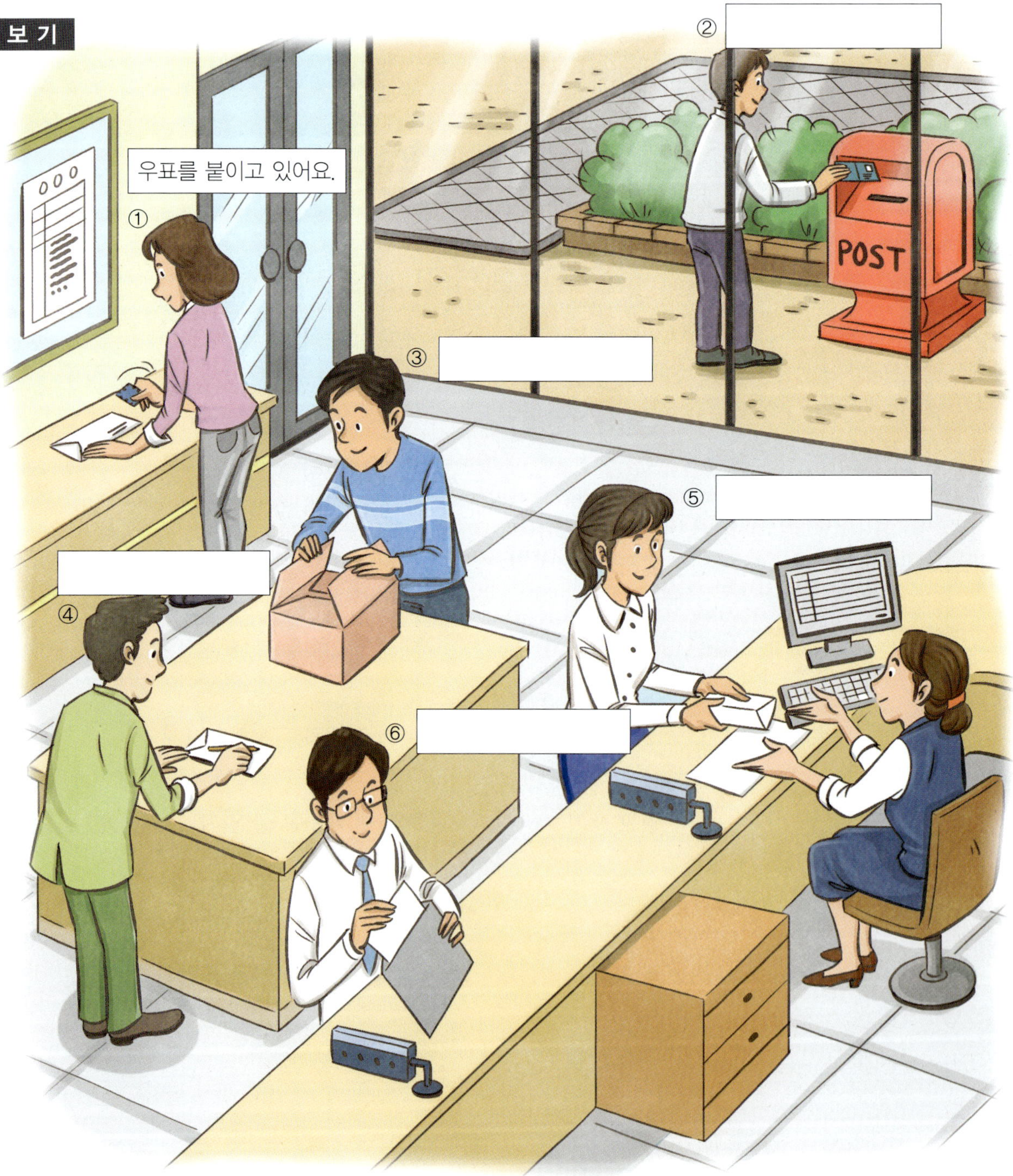

2. 여기에서 무엇을 할 수 있어요? 그림을 보고 [보기]와 같이 말해 보세요.
What can you do at the following locations? Look at the picture and make sentences as shown in the example.

돈을 찾다　　돈을 넣다　　돈을 바꾸다　　돈을 보내다

보 기

3. 그림을 보고 [보기]와 같이 이야기해 보세요.
Look at the pictures and practice the dialogues as shown in the example.

보 기

신분증

통장

도장

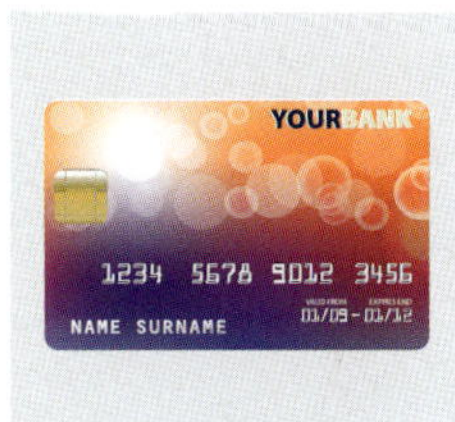

현금 카드

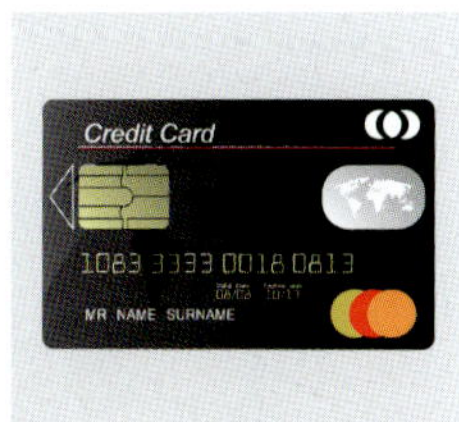

신용 카드

문법과 표현 1 Grammar and Expression 1

1. N(으)로

track 52

A 비행기로 보내면 얼마예요?

B 삼만 팔천 원입니다.

예

- 휴대 전화로 사진을 찍었어요.
- 이 수건으로 닦으세요.
- 연필로 편지를 썼어요.

연습1 다음 물건들로 무엇을 할 수 있어요? 그림을 보고 [보기]와 같이 말해 보세요.

What can you do with the following items? Look at the pictures and make sentences as shown in the example.

보기

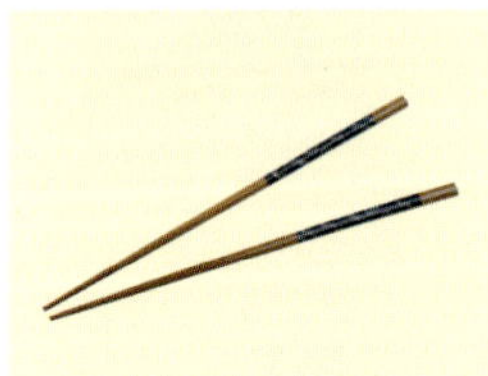

2. N(이)라서

track 53

A 오늘 보내면 이번 주에 받을 수 있을까요?

B 내일이 휴일이라서 다음 주 월요일쯤 도착할 거예요.

예
- 저는 취미가 요리**라서** 요리책을 많이 사요.
- 겨울**이라서** 산에 사람들이 별로 없어요.

연습1 [보기]와 같이 이야기해 보세요.
Answer each question as shown in the example.

보 기

왜 이렇게 늦었어요?

왜 케이크를 샀어요?

왜 오늘 학교에 안 가요?

왜 이렇게 백화점이 복잡해요?

왜 이렇게 극장에 사람이 많아요?

퇴근 시간 quitting time　길이 막히다 to have heavy traffic

말하기 1 Speaking 1

track 54

직 원 어서 오세요.
줄리앙 프랑스에 소포를 보내려고 왔어요.
직 원 네, 여기에 받는 분 성함과 주소를 쓰시고 저울 위에 올려 주세요.
안에 뭐가 들었어요?
줄리앙 옷이 들었어요. 비행기로 보내면 요금이 얼마예요?
직 원 60,000원이에요. 비행기로 보내시겠어요?
줄리앙 네, 지금 보내면 언제 도착할까요?
직 원 다음 주 금요일쯤 도착할 거예요.
내일이 휴일이라서 하루 정도 더 걸려요.

연습1

1)
- 프랑스
- 옷
- 60,000원
- 다음 주 금요일

2)
- 일본
- 가방
- 15,000원
- 이번 주 목요일

3)
- 인도
- 신발
- 30,000원
- 이번 주말

4)
- 미국
- 책
- 25,000원
- 다음 주 월요일

저울 scale 올리다 to put/place on top of 들다 to contain

연습2 외국에 소포를 보내려고 합니다. 손님과 우체국 직원이 되어서 이야기해 보세요.
You would like to send a package abroad. Take the role of a customer or a mail clerk, and practice conversations.

. . .

● 보낼 물건

● 요금표

		비행기				배			
지역		일본 중국	태국 베트남 몽골	미국 러시아 독일	브라질 멕시코 케냐	일본 중국	태국 베트남 몽골	미국 러시아 독일	브라질 멕시코 케냐
요금	5kg	25,000	38,500	44,200	64,700	16,000	17,000	20,000	23,000
	10kg	41,400	64,500	74,200	118,700	22,000	23,000	28,000	33,000
	20kg	73,400	116,500	134,200	226,700	37,000	38,000	48,000	58,000
기간		2일	3일	4일	5일	2주	3주	4주	5주

상자 box

문법과 표현 2 Grammar and Expression 2

1. '르' 불규칙

track 55

A 커피값이 너무 비싼 것 같아요.

B 맞아요. 작년보다 많이 올랐어요.

예

- 지금 길이 복잡해서 지하철로 가는 게 더 **빨라요**.
- 저는 노래를 잘 못 **불러요**.

연습1 주사위를 던져서 나오는 단어로 [보기]와 같이 문장을 만들어 보세요.
Roll a dice and make a sentence with the word corresponding to the number on the dice as shown in the example.

 모르다

 다르다

 서두르다

 오르다

 빠르다

 부르다

보 기

맞다 to be right 오르다 to rise 빠르다 to be fast (노래를) 부르다 to sing (a song) 모르다 to do not know 다르다 to be different 서두르다 to hurry

2. V-(으)면 되다

track 56

A 외국인등록증도 필요해요?

B 아니요, 여권만 있으면 돼요.

예

- 내일 아침에 일찍 와야 돼요?
  - 아니요, 열 시까지만 오**면 돼요**.
- 벌써 한 시네요. 지금 가면 늦을까요?
  - 늦지 않을 거예요. 지금 빨리 출발하**면 돼요**.
- 은행에 갈 시간이 없는데 어떻게 하지요?
  - 저쪽에 있는 현금 인출기에서 찾**으면 돼요**.

연습1 [보기]와 같이 이야기해 보세요.
Respond to the following questions as shown in the example.

보 기

이번 시험을 잘 못 봤어요	차비가 없어요	외국인등록증을 잃어버렸어요
숙제를 안 가져왔어요	_______까지 가는 길을 잘 몰라요	?

외국인등록증 alien registration card 벌써 already 차비 (bus/train/taxi) fare 잃어버리다 to lose 가져오다 to bring

3. V-(으)ㄴ 것 같다

track 57

A 유진 씨, 스티븐 씨 지금 없어요?
B 네, 집에 간 것 같아요.

예

- 수업이 끝**난 것 같아요**.
- 아키라 씨는 벌써 점심을 먹**은 것 같아요**.

연습1 어제 무슨 일이 있었던 것 같아요? 그림을 보고 말해 보세요.
What does it seem like happened here yesterday? Look at the picture and create sentences.

말하기 2 Speaking 2

track 58

직 원　어서 오세요. 뭘 도와드릴까요?
스티븐　환전을 하려고 왔습니다.
직 원　얼마를 바꿔 드릴까요?
스티븐　1,000달러를 전부 원으로 바꿔 주세요. 오늘 환율이 어떻게 돼요?
직 원　1달러에 1,200원입니다.
스티븐　지난주보다 오른 것 같네요.
직 원　네, 조금 올랐어요. 신분증 좀 주시겠어요?
스티븐　외국인등록증이 없는데 여권도 괜찮아요?
직 원　네, 여권만 주시면 됩니다.

연습1

1)
1,000달러(USD) → 원(KRW)
1달러 = 1,200원
오르다

2)
1,500위안(CNY) → 원(KRW)
1위안 = 180원
내리다

3)
2,000유로(EUR) → 원(KRW)
1유로 = 1,700원
오르다

4)
50,000엔(JPY) → 원(KRW)
100엔 = 1,300원
내리다

전부 all　환율 exchange rate　내리다 to go down　위안 yuan　유로 euro　엔 yen

연습2 은행에서 환전을 하려고 합니다. 손님과 직원이 되어서 이야기해 보세요.

You would like to exchange money at the bank. Take the role of a customer or a bankclerk, and practice conversation.

· · ·

통화명 (Currency)	환율 (Exchange Rate)		현찰(Cash)		송금(Wire-Transfer)	
			살 때 (buying)	팔 때 (selling)	보낼 때 (sending)	받을 때 (receiving)
미국 USD	1,056.10	▲ 0.10	1,074.58	1,037.62	1,066.40	1,045.80
일본 JPY 100	1,180.66	▼ 5.72	1,201.32	1,160.00	1,192.23	1,169.09
유럽연합 EUR	1,410.95	▲ 10.80	1,439.02	1,382.88	1,425.05	1,396.85
중국 CNY	169.93	▲ 0.02	181.82	161.44	171.62	168.24

듣고 말하기 Listening and Speaking

준비 한국에서 택배를 이용해 본 적이 있습니까? 택배가 왔는데 집에 사람이 없을 때 어떻게 합니까?
Have you used door-to-door delivery service in Korea? You were notified that your package has arrived, what would you do if you are not home to receive the package?

"옆집에 맡겨 주세요."

"경비실에 맡겨 주세요."

"문 앞에 놓고 가세요."

듣기1 잘 듣고 맞는 것을 고르세요. track 59
Listen carefully and choose the correct statement.

① 여자가 택배 기사에게 전화를 했습니다.

② 택배 기사는 오전에 방문하려고 합니다.

③ 택배 기사는 택배를 경비실에 맡길 것입니다.

준비 여러분은 택배를 보내고 싶으면 어떻게 신청합니까?
When you need to send a package, what do you do?

듣기2 잘 듣고 질문에 답하세요. track 60
Listen carefully and answer the following questions.

1) 택배 기사는 언제 올 것입니까?

① 오늘 ② 내일 ③ 보레

택배 door-to-door delivery 맡기다 to leave 경비실 security office 택배 기사 delivery man 방문하다 to visit

2) 빈칸에 보낼 물건에 대해 쓰세요.

운송장 NO. 530-9486-****

받는 분	성명	김철수	전화번호	010-2***-****
	주소	강원도 춘천시 *************		
보내는 분	성명	나나	전화번호	010-3***-****
	주소	서울시 관악구 관악로 1		
보내실 물건	품명	(　　　　,　　　　)	수량	(　　　)개

말하기 택배를 신청하는 전화를 해 보세요.

Call a delivery service company and schedule a package pickup.

안녕하세요? ○○택배입니다.

택배 신청하려고 전화드렸습니다.

주소가 어떻게 되세요?

서울시 관악구 관악로 1이에요.

언제 방문하면 될까요?

내일 오전에 와 주세요.

보내시는 물건이 뭐예요?

옷 두 박스예요.

네, 알겠습니다.
그럼 내일 오전에 방문하겠습니다.

품명 (names of) goods　수량 quantity　신청하다 to request

읽고 쓰기 Reading and Writing

준비 여러분은 한국에서 생활하면서 궁금한 것이 있으면 어떻게 합니까?
What do you do when you have a question about daily life in Korea?

읽기 다음을 읽고 질문에 답하세요.
Look at the bulletin board and answer the following questions.

언어교육원 LEI 한국어교육센터 snu Seoul National University

로그인 | 회원 가입 | 마이 페이지

FAQ

HOME > 한국어교육센터 > 학습 상담 > FAQ

Q 언어교육원에서 한국어를 배우고 싶은데 처음이라서 잘 몰라요. 어떻게 등록해야 해요?

A 언어교육원 홈페이지에서 등록하시면 됩니다. 전화나 우편으로는 접수하지 않습니다.

Q 언어교육원에 등록하면 기숙사를 이용할 수 있어요?

A 네, 할 수 있습니다. 기숙사 이용 신청은 언어교육원 홈페이지에서 하시면 됩니다. 하지만 방이 많지 않아서 신청한 학생이 모두 이용할 수 있는 것은 아닙니다.

Q 등록하려고 하는데 시험을 봐야 해요?

A 네, 처음 등록하는 학생은 배치 시험을 봐야 합니다. 하지만 한국어를 전혀 모르는 학생은 시험을 보지 않고 바로 1급 수업을 들으시면 됩니다.

등록하다 to register　접수하다 to accept; to receive　우편 mail　배치 시험 placement test　바로 right away

1) 언어교육원에 등록하고 싶으면 어떻게 해야 합니까?

① 

② 

③ 

2) 이 글의 내용과 같은 것을 고르세요.

① 한국어를 모르는 학생도 수업을 들을 수 있습니다.

② 기숙사를 신청한 사람은 모두 기숙사에 들어갈 수 있습니다.

③ 기숙사 신청을 하고 싶으면 언어교육원 사무실에 가야 합니다.

쓰기 한국 생활에 대해 알고 싶은 것이 있으면 질문을 해 보세요. 친구들이 질문한 것에 대해 답글을 써 보세요.

Ask some questions about life in Korea. Write responses to the questions.

HOME > 자유 게시판

질문과 답변

카페에 오신것을 환영합니다.

Q 한국에서 휴대 전화를 사고 싶은데 뭐가 필요해요?

A ________________________________

____

Q ________________________________

A ________________________________

____

Q ________________________________

A ________________________________

____

과 제 Task

우체국에 가서 편지를 부쳐 보세요.
Go to the post office and send a letter.

자기 이름과 집 주소를 쓰세요. 그리고 주소를 쓴 종이를 모두 모아 통에 넣고 한 장씩 뽑으세요. 누구의 주소가 나왔는지 비밀로 하세요.
Write your name and address on the paper. Collect all the papers in the box. Select one from the box and keep it secret.

자기가 뽑은 친구에게 편지를 쓰고 편지 봉투에 친구의 주소를 쓰세요.
Write a letter to the classmate whom you have chosen. Then put the letter in an envelope and address the envelope to your friend.

켈리 씨에게

켈리 씨, 안녕하세요? 저는 나나예요. 제가 켈리 씨 주소를 뽑았는데 몰랐지요? 켈리 씨는 참 좋은 사람인 것 같아요. 켈리 씨와 같은 반 친구라서 정말 좋아요.

. . .

보내는 사람
서울시 강남구 역삼1동 797-26
나나
135-930

우표

받는 사람
서울시 관악구 관악로 1
서울대학교 기숙사 900동 304호
켈리
151-742

편지를 가지고 우체국에 가서 직접 부쳐 보세요.
Go to the post office with the letter and mail it.

뽑다 to choose

문화 산책 Culture Note

준비 여기는 어디입니까?
What places do the following refer to?

알아 보기

저는 외국에서 재미있는 간판이나 표지판을 보면 사진을 찍고 의미를 알아봅니다. 이렇게 하면 그 나라의 문화를 공부할 수 있어서 좋습니다. 어제는 한국의 우체국 사진을 찍었습니다. 한국의 우체국 간판은 빨간색이고 새 그림이 있습니다. 그 새의 이름은 '제비'인데 한국에서 제비는 반가운 소식을 전해 주는 새라고 합니다.

생각 나누기 여러분 나라의 우체국과 우체통은 어떻습니까? 어떤 의미가 있습니까?
What do post offices and mail boxes look like in your country? Are there any special meanings to the way they look?

간판 store sign 표지판 sign; notice 의미 meaning 빨간색 red 새 bird 제비 swallow (bird) 소식 news 전하다 to convey

발 음 Pronunciation

준비 들어 보세요. track 61
Listen to the following sentences.

1) 오늘 택배를 받았어요.
2) 꽃집이 어디 있어요?

규칙 받침소리 [ㄱ, ㄷ, ㅂ] 뒤에 오는 'ㄱ, ㄷ, ㅂ, ㅅ, ㅈ'은 [ㄲ, ㄸ, ㅃ, ㅆ, ㅉ]으로 발음됩니다.
When the initial consonants 'ㄱ, ㄷ, ㅂ, ㅅ, ㅈ' follow the final consonant sounds [ㄱ, ㄷ, ㅂ], 'ㄱ, ㄷ, ㅂ, ㅅ, ㅈ' are pronounced as [ㄲ, ㄸ, ㅃ, ㅆ, ㅉ].

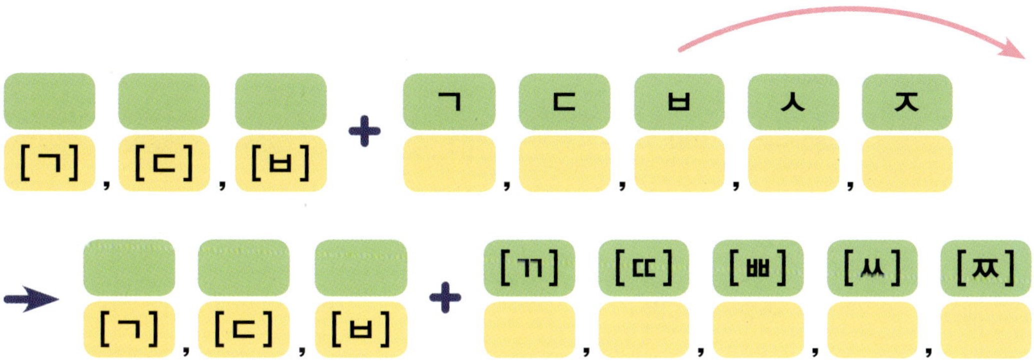

예] 학교[학꾜]
늦게[늗께]
앞집[압찝]

연습 잘 듣고 따라 해 보세요. track 62
Listen carefully and repeat the following sentences.

1) 내일 늦지 마세요.
2) 극장 앞에서 몇 시에 만날까요?
3) 월요일에는 길이 아주 복잡해요.
4) 밥도 먹고 커피도 마셨어요.
5) A 왜 오늘 학교에 안 가요?
   B 방학이라서 안 가요.

꽃집 flower shop

자기 평가 Self-Check

1. 다음 중 아는 단어에 √ 하세요.
Check all the words that you know.

☐ 우표	☐ 소포	☐ 신분증	☐ 신용 카드
☐ 입금	☐ 환전	☐ 도장	☐ 통장
☐ 등록하다	☐ 부치다	☐ 붙이다	☐ 길이 막히다

2. 알맞은 것을 골라 문장을 만들어 보세요.
Complete each dialogue using the word in parentheses and the appropriate grammar form in the box.

(으)로	(이)라서	–(으)면 되다	–(으)ㄴ 것 같다

1) A 학교에 어떻게 와요?
B 저는 매일 __________ 와요. (버스)

2) A 줄리앙 씨가 오늘 왜 학교에 안 왔어요?
B 아파서 ______________________________. (병원에 가다)

3) A 내일 일찍 와야 돼요?
B 아니요, ______________________________. (10시까지 오다)

4) A 민수 씨, 내일 동호회 모임에 갈 거예요?
B 아니요, 내일이 ____________________ 고향에 가야 해요. (아버지 생신)

정답
2. 1) 버스로 2) 병원에 간 것 같아요 3) 10시까지 오면 돼요 4) 아버지 생신이라서

번 역 Translation

어휘

우표를 붙이다	to put on a stamp
주소를 쓰다	to write an address
봉투에 넣다	to put something in an envelope
편지를 부치다[보내다]	to send a letter
엽서를 부치다[보내다]	to send a postcard
소포를 포장하다	to wrap a package
입금	deposit
출금	withdrawal
환전	currency exchange
송금	wire transfer
창구	counter
현금 인출기	automated teller machine (ATM); cash machine
돈을 넣다	to deposit money
돈을 찾다	to withdraw money
돈을 바꾸다	to exchange money
돈을 보내다	to send money
신분증	identification card
통장	(bank) account book
도장	stamp
현금 카드	debit card
신용 카드	credit card

말하기 1

Clerk Please come in.
Julian I came to send a package to France.
Clerk Okay. Please write the name and address of the addressee and put the package on the scale. What's in the package?
Julian There are clothes inside. How much does it cost if I send it by air?
Clerk It is 60,000 won. Would you like to send it by air?
Julian Yes. If I send it now, when will it arrive?
Clerk It will arrive around next Friday. It will take one more day than usual because tomorrow is a holiday.

말하기 2

Teller Please come in. How can I help you?
Steven I'm here to do a currency exchange.
Teller How much would you like to exchange?
Steven Please exchange 1,000 dollars into Korean currency. What is the exchange rate for today?
Teller It is 1,200 won to the dollar.
Steven It seems to be up from last week.
Teller Yes, it has gone up a little. Could you show me your ID please?
Steven I don't have an alien registration card with me. Is my passport okay?
Teller Yes. It is okay if you show me only your passport.

7 한옥마을이 어디에 있는지 아세요?

Do you know where Hanok Village is?

학 습 목 표

어 휘
- 교통
  Transportation
- 길 안내
  Giving directions

문법과 표현 1
- A/V-(으)ㄹ 것 같다
- V-는지 알다[모르다], N인지 알다[모르다]

말하기 1
- 길 찾기
  Finding one's way

문법과 표현 2
- V-(으)려면
- V-다가

말하기 2
- 길 안내하기
  Giving directions

듣고 말하기
- 택시 기사와 손님의 대화 듣기
  Listening to a conversation between a taxi driver and a customer
- 택시에서 목적지 말하기
  Telling your destination to a taxi driver

읽고 쓰기
- 길 설명하는 글 읽기
  Reading directions
- 길 설명하는 글 쓰기
  Writing directions

과 제
- 특정 장소 찾아가서 정보 파악하기
  Finding a special attraction and getting information

문화 산책
- 한국의 길 이름
  Street names in Korea

발 음
- 비음화 3
  Nasalization 3

어 휘 Vocabulary

1. 맞는 것끼리 연결하세요.
   Match each picture with the correct word.

1) 	① 사거리
2) 	② 신호등
3) 	③ 지하철역
4) 	④ 버스 정류장
5) 	⑤ 택시 정류장
6) 	⑥ 지하도
7) 	⑦ 육교
8) 	⑧ 횡단보도

2. 그림을 보고 [보기]와 같이 이야기해 보세요.

Create a dialogue for each picture as shown in the example.

보 기

쭉 가다

1) 

왼쪽으로 돌아가다

2) 

오른쪽으로 돌아가다

3) 

나가다

4) 

건너다[건너가다]

3. 그림을 보고 [보기]와 같이 말해 보세요.

Create a sentence for each picture as shown in the example.

보 기

1) 

세우다

2) 

직진하다

3) 

좌회전하다

4) 

우회전하다

문법과 표현 1 Grammar and Expression 1

1. A/V-(으)ㄹ 것 같다

track 63

A 나나 씨한테 무슨 선물이 좋을까요?
B 책이 좋을 것 같아요.

예

- 이 옷은 좀 **클 것 같아요**.
- 내일 눈이 **올 것 같아요**.
- 이건 맵지 않아서 아이들도 잘 **먹을 것 같아요**.

연습1 그림을 보고 [보기]와 같이 이야기해 보세요.
Create a dialogue for each picture as shown in the example.

보 기

1)

2)

3)

4)

가져가다 to bring; to take

2-1. V-는지 알다[모르다]

track 64

A 서점이 어디에 있는지 아세요?

B 네, 학생회관 3층에 있어요.

예

- 나나 씨가 어떤 음식을 좋아하**는지 아세요**?
- 유진 씨가 무슨 책을 읽**는지 아세요**?
- 스티븐 씨가 어디 갔**는지 잘 모르겠어요**.

연습1 그림을 보고 [보기]와 같이 이야기해 보세요.

Create a dialogue for each picture as shown in the example.

보 기

1) 

2) 

3) 

4) 

2-2. N인지 알다[모르다]

track 65

A 저 사람이 누구인지 아세요?

B 네, 스티븐 씨 친구예요.

예
- 등록금이 얼마**인지 잘 모르겠어요**.
- 오늘 파티에 올 사람이 몇 명**인지 아세요**?

연습1 [보기]와 같이 이야기해 보세요.
Ask each other questions and respond as shown in the example.

보 기

선생님 전화번호	학생 식당	한국 대통령
지하철 요금	오늘 숙제	?

말하기 1 Speaking 1

track 66

아키라　유진 씨, 내일 나나 씨 생일인데 무슨 선물이 좋을까요?

유　진　나나 씨는 요리하는 것을 좋아하니까 요리책이 좋을 것 같아요.

아키라　아, 그게 좋을 것 같네요. 그런데 이 근처에 서점이 어디에 있는지 아세요?

유　진　네, 우체국 옆에 있어요.

아키라　우체국은 어디에 있어요?

유　진　이쪽으로 10분쯤 걸어가면 보여요.

연습1

1)
- 요리하는 것을 좋아하다
- 요리책
- 서점
- 이쪽으로 10분쯤 걸어가다

2)
- 인형 모으는 게 취미이다
- 인형
- 인형 가게
- 길을 건너서 오른쪽으로 돌아가다

3)
- 한국 드라마를 자주 보다
- DVD
- 서점
- 저쪽으로 쭉 가다

4)
- 꽃을 좋아하다
- 꽃
- 꽃집
- 5번 출구로 나가다

근처 vicinity　출구 exit

연습2 친구에게 줄 생일 선물을 사려고 합니다. 무슨 선물이 좋을지 이야기하고 그것을 어디에서 사면 되는지 알아보세요.

You would like to buy a gift for your friend's birthday. Talk about what would be good for them and where can buy it.

· · ·

친구 이름	선물	선물을 살 곳	위치
아키라	넥타이	백화점	

• **길을 물어 볼 때**
When asking directions

저, 저기요, 죄송하지만, 실례지만,	우체국이 어디예요? 우체국에 어떻게 가요? 우체국이 어디에 있어요? 우체국이 어디에 있는지 아세요? 우체국에 어떻게 가는지 아세요?

문법과 표현 2 Grammar and Expression 2

1. V-(으)려면

track 67

A 한옥마을에 가려면 몇 번 출구로 나가야 돼요?

B 4번 출구로 나가시면 됩니다.

예

- 김 선생님을 만나**려면** 사무실로 가 보세요.
- 한국 신문을 읽**으려면** 단어를 많이 알아야 해요.
- 감기에 걸리지 않**으려면** 손을 자주 씻으세요.

연습1 [보기]와 같이 이야기해 보세요.
Create dialogues as shown in the example.

보 기

한국 전통 기념품을 사고 싶은데
어디에 가야 돼요?

태권도를 배우고 싶은데
어떻게 하면 돼요?

친구를 많이 사귀고 싶은데
어떻게 해야 돼요?

한국어 발음을 잘하고 싶은데
어떻게 하면 돼요?

언어교육원에 등록하고 싶은데
뭐가 필요해요?

한옥마을 Hanok Village　친구를 사귀다 to make a friend

2. V-다가

track 68

A 한옥마을이 어디에 있어요?

B 쭉 가다가 사거리에서 길을 건너가세요.

예

- 영화를 보**다가** 재미없어서 잤어요.
- 밥을 먹**다가** 전화를 받았어요.

연습1 그림을 보고 [보기]와 같이 이야기해 보세요.

Create a dialogue for each picture as shown in the example.

보 기

1)

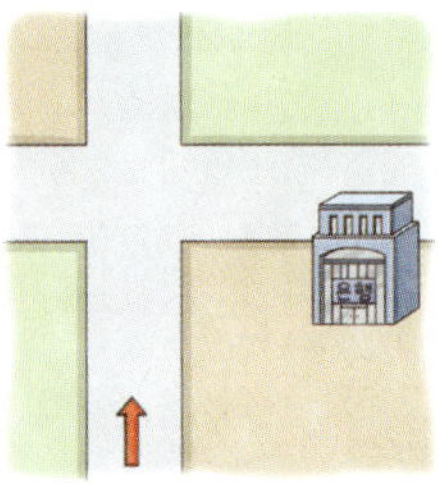

2)

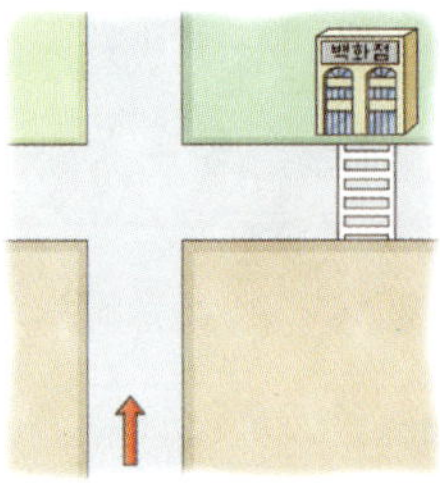

3)

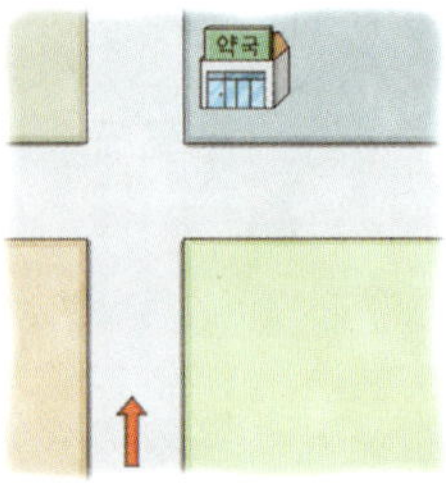

4)

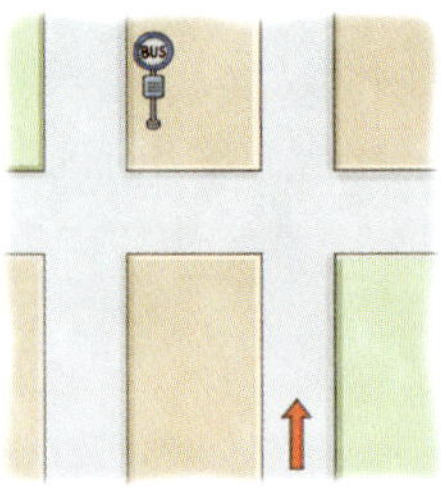

말하기 2 Speaking 2

track 69

켈　리　저기요, 한옥마을이 어디에 있는지 아세요?

아 저 씨　저도 여기가 처음이라서 잘 모르겠어요.

. . .

켈　리　실례지만 한옥마을에 가려면 어느 쪽으로 가야 돼요?

아주머니　4번 출구로 나가면 돼요.

켈　리　4번 출구에서 한참 가야 돼요?

아주머니　아니요, 가까워요. 쭉 가다가 사거리에서 길을 건너면 한옥마을이 나와요.

켈　리　감사합니다.

연습1

1) 한옥마을
4번 출구

2) 인사동
6번 출구

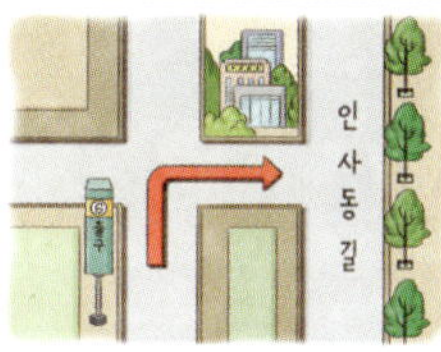

3) 경복궁
3번 출구

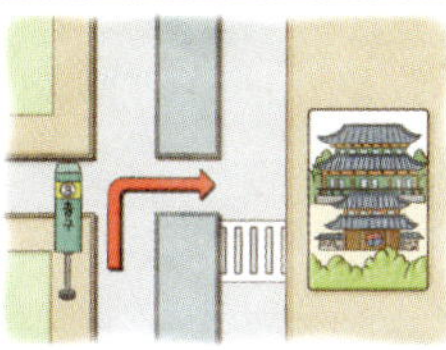

4) 명동성당
9번 출구

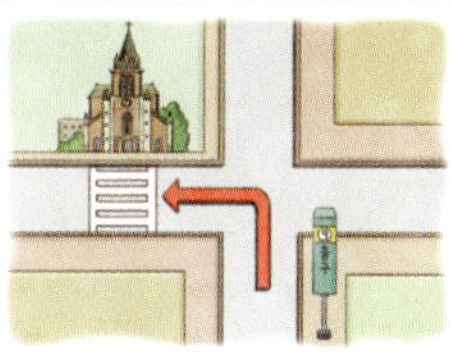

한참 for a long time　나오다 to appear; to come out　경복궁 a palace in Seoul　명동성당 Myeongdong cathedral

연습2 여러분은 지금 지하철역 안에 있습니다. 다음 장소에 어떻게 가는지 길을 묻고 대답해 보세요.
You are at the subway station. Ask or give directions to each of the following places.

죄송하지만 대한은행이 어디에 있는지 아세요?

3번 출구로 나가서 쭉 가다가 횡단보도를 건너세요. 거기에서 조금 더 가면 대한은행이 있어요.

	대한은행	우체국	제일서점
	나라백화점	경찰서	서울빌딩

• **위치를 설명할 때**
When giving directions

이쪽으로 쭉 가면	한옥마을이 있어요. 한옥마을이 나와요. 한옥마을이 보여요.

듣고 말하기 Listening and Speaking

준비 여러분은 한국에서 택시를 타 봤습니까?
Have you taken a taxi in Korea?

듣기1 잘 듣고 빈칸에 써 보세요. track 70
Listen carefully and complete the sentences.

아저씨, 서울대학교로 ________________.

. . .

언어교육원 앞에서 ________________.

준비 여러분 고향에서는 보통 언제 길이 많이 막힙니까?
When do you usually experience traffic jams in your country?

듣기2 잘 듣고 질문에 답하세요. track 71
Listen carefully and answer the following questions.

1) 여자는 지금 어디로 가려고 합니까?

____

2) 잘 듣고 맞는 것을 고르세요.

① 여자가 탄 택시가 사고가 났습니다.

② 여자는 시청 앞에서 택시를 탔습니다.

③ 여자는 택시에서 내려서 지하철을 탈 것입니다.

사고가 나다 to have an accident

말하기 택시 기사와 손님이 되어 이야기해 보세요.
Take the role of a taxi driver or a passenger, and practice conversations.

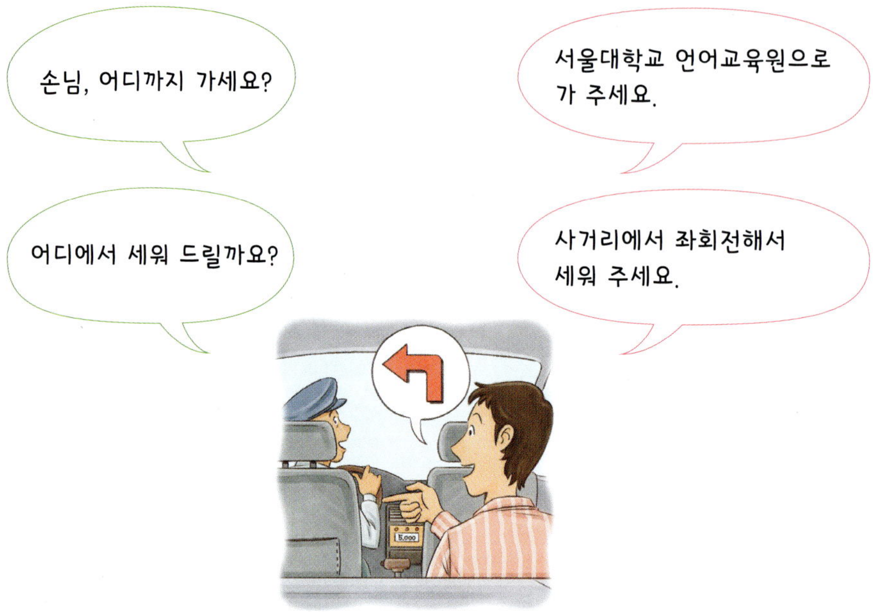

1)
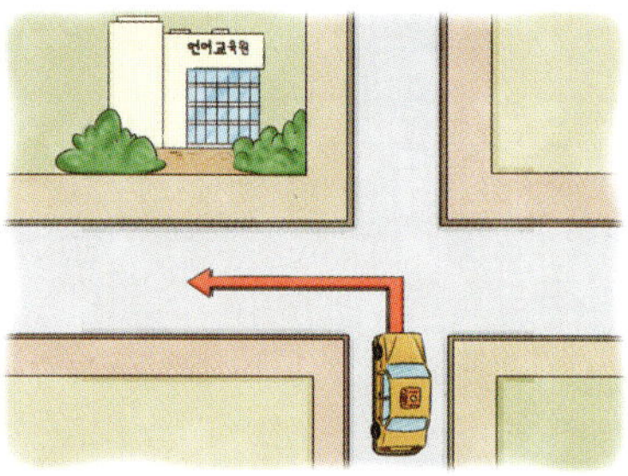

2)
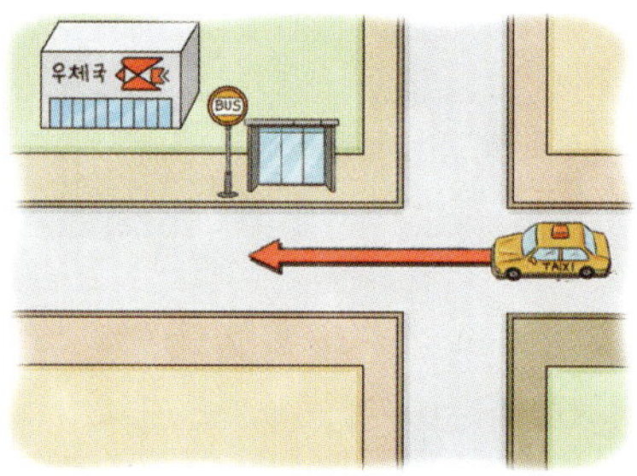

3)
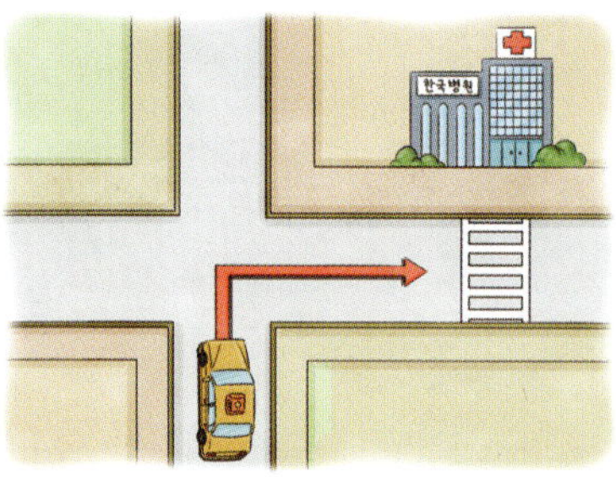

4)

• 택시에서 목적지를 말할 때
When telling a destination to a taxi driver

시청요.
시청으로 가 주세요.

• 택시에서 내리려는 곳을 말할 때
When telling a stop to a taxi driver

저기에서	세워 주세요. 내려 주세요.

읽고 쓰기 Reading and Writing

준비 여러분은 길을 잘 모를 때 어떻게 합니까?
What do you do when you don't know the way?

읽기 다음을 읽고 질문에 답하세요.
Read the passage and answer the following questions.

답장 | 전체 답장 | 전달 | 다시 보내기 | ×삭제 | 이동 ▼　　　| 목록 ◀ | 다음 ▶

★ 우리 집 오는 길

보낸 사람 : jiyeon@snu.ac.kr
받는 사람 : yujin@snu.ac.kr

유진 씨, 이번 주 금요일에 우리 집에서 하는 파티 잊지 않았지요? 우리 집으로 6시까지 오면 돼요. 집까지 오는 길을 알려 줄게요.

우리 집은 학교에서 20분쯤 걸려요. 학교 앞에서 5511번 버스를 타고 서울대입구역에서 내리세요. 서울대입구역 4번 출구 옆에 우리마트가 있어요. 우리마트를 지나서 20미터쯤 걸어오면 나라오피스텔이 보여요. 우리 집은 나라오피스텔 805호예요. 엘리베이터를 타고 8층으로 올라오면 돼요. 어떻게 오는지 잘 모르면 전화하세요.

그리고 파티에서 먹을 음식을 한 가지만 가져오면 좋겠어요. 고향 음식을 만들어 오면 좋을 것 같아요. 저는 불고기와 잡채를 준비하려고 해요.

그럼 금요일에 봐요.

지연

잊다 to forget　알려 주다 to inform　지나다 to pass　미터 meter　걸어오다 to come on foot　올라오다 to come up
잡채 mixed dish of glass noodles, vegetables, and meat

1) 이 글의 내용과 같은 것을 고르세요.

① 지연의 집에 가려면 버스를 타야 합니다.

② 유진은 불고기와 잡채를 준비해야 합니다.

③ 이번 주 금요일에 학교에서 파티를 합니다.

2) 여기는 서울대입구역입니다. 지연 씨 집은 어디입니까? 다음 ①~⑤ 중에서 고르세요.

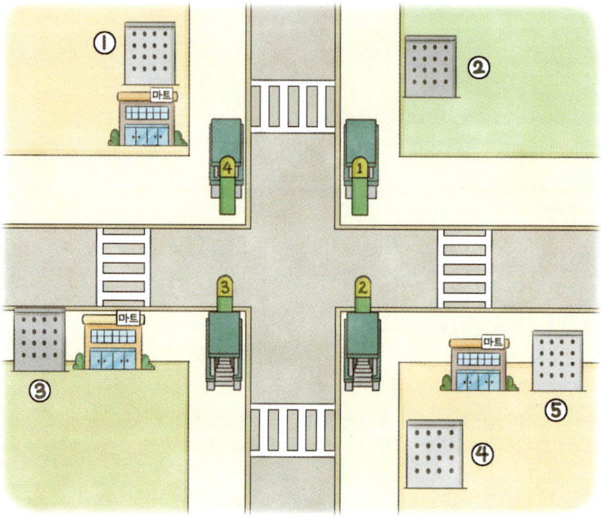

쓰기 여러분 집에 오는 길을 설명하고 약도를 그려 보세요.
Give directions to your house and draw a rough map.

〈우리 집 오는 길〉

[약도]

____

____

____

____

____

약도 rough map

과 제 Task

다음 장소에 가서 정보를 알아 오세요.

Go to the following places and find information.

다음은 학교 안에 있는 장소입니다. 여러분은 어디에 가 봤습니까? 어디에 가 보고 싶습니까?
The following places are all on campus. Which places have you been to? Which would you like to visit?

☐ 박물관

☐ 학생회관

☐ 미술관

☐ 학생 식당

☐ 도서관

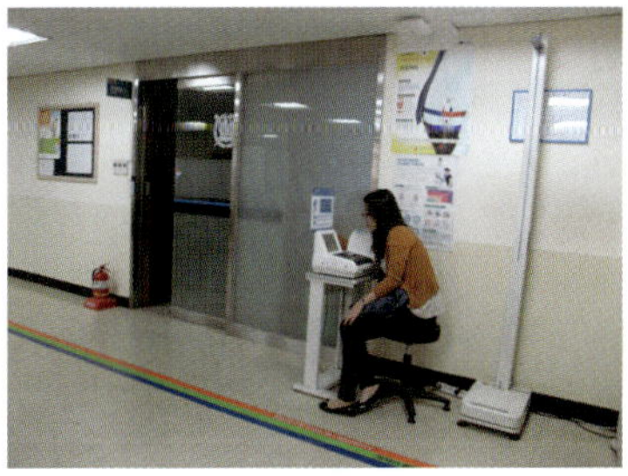

☐ 보건소

친구와 함께 가 보고 싶은 곳을 찾아가서 그곳에 대해서 알아보세요. 길을 잘 모르면 다른 사람들에게 물어보세요. (활동지 → p.228)
Go to the place that you wish to visit with your classmates, and find out some information. If you don't know the way, ask around.

친구들에게 여러분이 가 본 곳을 소개하고 가는 길을 설명해 보세요.
Introduce the place you visited and give directions to get there.

보건소 (public) health center　내려가다 to go down

문화 산책 Culture Note

준비 한국의 길 이름 중에서 알고 있는 것이 있습니까?
Can you name some streets in Korea?

세종대로

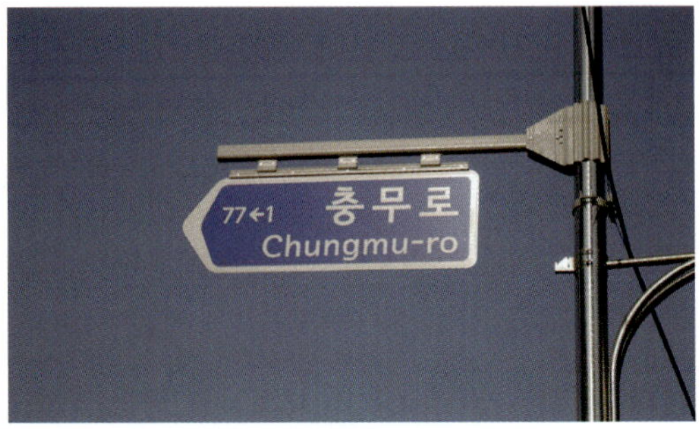

충무로

알아 보기

어제 친구와 광화문 광장에 갔습니다. 광화문 광장에는 세종대왕과 충무공 이순신의 동상이 있었습니다. 세종대왕은 한글을 만든 분이고 이순신은 조선 시대의 유명한 장군입니다. 두 사람 모두 한국 사람들이 존경하는 분입니다. 서울에 있는 '세종대로'와 '충무로'는 두 사람을 기념해서 붙인 길 이름입니다.

생각 나누기 여러분 나라에도 유명한 사람이나 특별한 것을 기념해서 만든 길 이름이 있습니까?
Is there a street that commemorate famous people or special occasions in your country? If there is, introduce it to the class.

광장 square　동상 statue　조선 시대 Joseon Dynasty　장군 general　기념하다 to commemorate　이름을 붙이다 to name after

발 음 Pronunciation

준비 들어 보세요. track 72

Listen to the following sentences.

1) 한옥마을이 어디에 있어요?
2) 작년에 한국에 왔어요.

규칙 받침소리 [ㄱ]은 'ㄴ, ㅁ' 앞에서 [ㅇ]으로 발음됩니다.

When the final consonant sound [ㄱ] is followed by the initial consonants 'ㄴ, ㅁ', [ㄱ] is pronounced as [ㅇ].

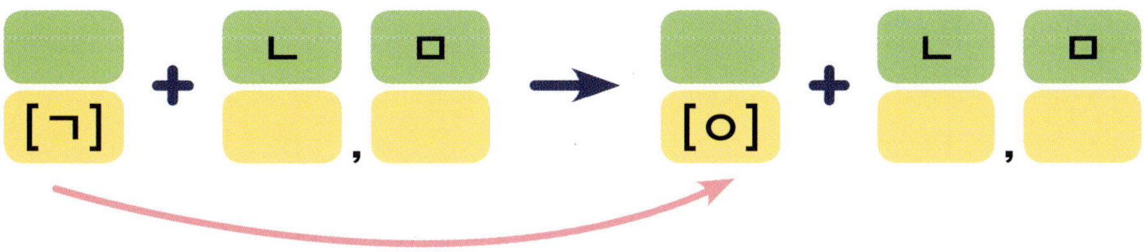

예] 먹네요[멍네요]

한국말[한궁말]

읽는[잉는]

연습 잘 듣고 따라 해 보세요. track 73

Listen carefully and repeat the following sentences.

1) 한국말을 배우려고 한국에 왔어요.
2) 이 책은 요즘 사람들이 많이 읽는 책이에요.
3) 저는 맛있는 음식 먹는 걸 좋아해요.
4) A 한옥마을에 가 봤어요?

   B 네, 작년에 가 봤어요.

자기 평가 Self-Check

1. 다음 중 아는 단어에 √ 하세요.
   Check all the words that you know.

☐ 사거리	☐ 횡단보도	☐ 출구	☐ 지하도
☐ 쭉 가다	☐ 좌회전하다	☐ 건너다	☐ 세우다
☐ 나가다	☐ 지나다	☐ 한참	☐ 근처

2. 알맞은 것을 골라 대화를 만들어 보세요.
   Complete each dialogue using the word in parentheses and the appropriate grammar form in the box.

–(으)ㄹ 것 같다	–는지 알다[모르다]	–(으)려면	–다가

1) 곧 비가 ______________________. 우산 가져가세요. (오다)

2) A 어제 영화 다 봤어요?
   B 아니요, __________________ 피곤해서 그냥 잤어요. (보다)

3) A 불고기 만들 줄 알아요?
   B 아니요, 어떻게 ___________________________. (만들다)

4) A 한국어를 잘하고 싶은데 어떻게 해야 해요?
   B 한국말을 ___________________ 한국 사람과 자주 만나서 이야기해야 해요. (잘하다)

정답

2. 1) 올 것 같아요 2) 보다가 3) 만드는지 몰라요 4) 잘하려면

번 역 Translation

어휘

사거리	4-way intersection	쭉 가다	to go straight
신호등	traffic light	왼쪽으로 돌아가다	to turn left
지하철역	subway station	오른쪽으로 돌아가다	to turn right
버스 정류장	bus stop	나가다	to go out
택시 정류장	taxi stop	건너다[건너가다]	to cross
지하도	underpass		
육교	overpass	세우다	to stop
횡단보도	crosswalk	직진하다	to go straight
		좌회전하다	to turn left
		우회전하다	to turn right

말하기 1

Akira Yujin, tomorrow is Nana's birthday. What gift would be good?
Yujin A cookbook would be good because Nana likes cooking.
Akira That would be good. By the way, do you know where the bookstore in this area is?
Yujin Yes, there is one next to the post office.
Akira Where is the post office?
Yujin If you walk this way about 10 minutes, you will find it.

말하기 2

Kelly Excuse me. Do you know where Hanok Village is?
Man I'm also here for the first time, so I don't know well.

. . .

Kelly Excuse me, which way should I go in order to get to Hanok Village?
Woman You can go out exit number 4.
Kelly Does it take long from exit number 4?
Woman No, it is close. If you go straight and cross the street at the intersection, you will see Hanok Village.
Kelly Thank you.

8 정말 속상하겠어요

You must feel awful

학습목표

어 휘	• 감정 Emotion
문법과 표현 1	• A/V–겠– • N 때문에
말하기 1	• 공감 표현하기 Expressing sympathy
문법과 표현 2	• V–아/어 버리다 • A/V–(으)ㄹ 때
말하기 2	• 상황 설명하기 Explaining a situation
듣고 말하기	• 인터뷰 듣기 Listening to an interview • 인터뷰하기 Interviewing
읽고 쓰기	• 스트레스 해소법에 대한 글 읽기 Reading a passage about how to release stress • 스트레스 해소법에 대한 글 쓰기 Writing a passage about how to release stress
과 제	• 상담하기 Counseling
문화 산책	• 감사 인사 Expressing appreciation
발 음	• 'ㄴ' 첨가 Insertion of 'ㄴ'

어 휘 Vocabulary

1. 그림을 보고 [보기]와 같이 말해 보세요.
   Create a sentence for each picture as shown in the example.

보 기

기분이 좋다

기분이 나쁘다

기쁘다

슬프다

즐겁다

외롭다

창피하다

속상하다

답답하다

2. 그림을 보고 [보기]와 같이 말해 보세요.

Create a sentence for each picture as shown in the example.

긴장되다	걱정되다	화(가) 나다	짜증이 나다

보 기

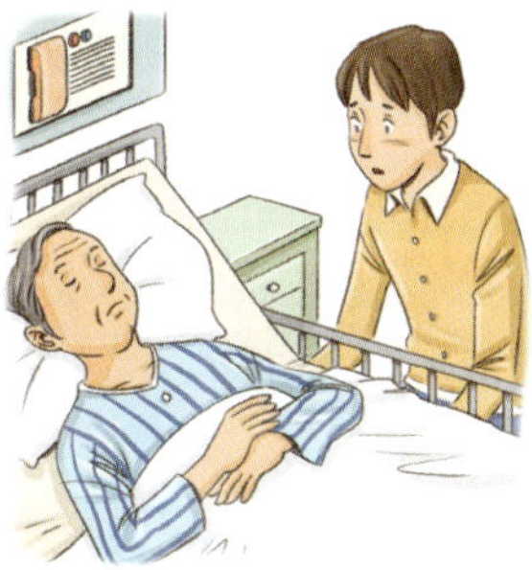

문법과 표현 1 Grammar and Expression 1

1. A/V-겠-

track 74

A 내일 친구들하고 부산으로 놀러 가요.

B 와, 좋겠어요.

예

- 스티븐 씨, 시험 잘 봐서 기분이 좋**겠**어요.
- 하늘이 어두워요. 곧 비가 오**겠**어요.
- 어제 세 시간 동안 회의를 했어요.
  - 피곤했**겠**어요.

연습1 친구의 경험이나 계획을 듣고 [보기]와 같이 이야기해 보세요.
Make comments on your classmate's experiences or plans as shown in the example.

보 기

기분이 좋다	걱정되다	화가 나다	무섭다
재미있다	즐겁다	창피하다	?

2. N 때문에

track 75

A 줄리앙 씨, 어제 왜 학교에 안 왔어요?
B 감기 때문에 못 왔어요.

예

- 날씨 **때문에** 비행기가 출발하지 못했어요.
- 요즘 회사 일 **때문에** 바빠서 친구 만날 시간이 없습니다.

연습1 [보기]와 같이 이야기해 보세요.
Ask each other questions and respond as shown in the example.

보 기

시험	발표	회의	아르바이트
일	친구	?	

창피하다	속상하다	답답하다	힘들다
걱정되다	스트레스를 받다	짜증이 나다	?

힘들다 to be hard　스트레스를 받다 to get stressed

말하기 1 Speaking 1

track 76

유 진　줄리앙 씨, 무슨 안 좋은 일 있어요?
줄리앙　네, 친구 때문에 좀 걱정이 돼서요.
유 진　왜요? 무슨 일 있어요?
줄리앙　친구가 교통사고가 나서 병원에 있어요.
유 진　아, 그래요? 정말 걱정되겠어요.
줄리앙　네, 친구가 빨리 퇴원했으면 좋겠어요.

연습1

1)
- 친구
- 걱정되다
- 친구가 교통사고가 나서 병원에 있다
- 친구가 빨리 퇴원하다

2)
- 시험
- 속상하다
- 공부를 열심히 했는데 시험을 잘 못 봤다
- 다음 시험은 잘 보다

3)
- 일
- 피곤하다
- 요즘 일이 너무 많아서 쉴 수가 없다
- 빨리 주말이 되다

4)
- 옆집
- 짜증나다
- 매일 밤 피아노를 쳐서 잠을 못 자다
- 그 집이 이사를 가다

교통사고가 나다 to have a traffic accident　퇴원하다 to be discharged (from a hospital)　이사를 가다 to move out

연습2 친구에게 다음과 같은 문제가 있습니다. 친구의 상황을 듣고 이야기해 보세요.
Your friends have the following problems. Talk about their problems.

"친구에게 노트북을 빌려줬는데
노트북이 고장이 났어요."

"친구가 매일 밤 전화해서
남자/여자 친구 이야기만 해요."

"같은 방 친구가 청소도 안 하고
큰 소리로 음악을 들어요."

"한국어 공부를 열심히 하지만
이야기를 잘 못하겠어요."

노트북 laptop computer　고장이 나다 to break down　큰 소리로 aloud

문법과 표현 2 Grammar and Expression 2

1. V-아/어 버리다

track 77

A 왜 이렇게 늦었어요? 기차가 벌써 떠나 버렸어요.

B 정말 미안해요. 기차 시간을 잘못 알았어요.

예

- 친구가 저를 기다리지 않고 **가 버렸어요**.
- 동생이 제가 만든 음식을 다 먹**어 버렸어요**.

연습1 [보기]와 같이 이야기해 보세요.
Ask each other questions and respond as shown in the example.

보 기

왜 친구를 못 만났어요?	왜 숙제를 못 했어요?	왜 어제 모임에 안 왔어요?
미안하지만 돈 좀 빌려줄 수 있어요?	기분이 안 좋은 것 같아요. 무슨 일 있어요?	

잘못 wrongly

2. A/V-(으)ㄹ 때

track 78

A 스트레스받을 때 어떻게 해요?

B 맛있는 것을 먹거나 노래방에 가요.

예

- 저는 기분이 나**쁠 때** 음악을 들어요.
- 대학교에 다**닐 때** 여행을 자주 했어요.
- 켈리 씨는 웃**을 때** 참 예뻐요.

연습1 [보기]와 같이 이야기해 보세요.

Ask each other questions and respond as shown in the example.

보 기

언제 가족 생각이 많이 나요?

언제 기분이 좋아요?

언제 스트레스를 받아요?

언제 외로워요?

언제 즐거워요?

언제 고향으로 돌아가고 싶어요?

생각(이) 나다 to come into one's mind

말하기 2 Speaking 2

track 79

마리코 오늘은 정말 운이 없는 날인 것 같아요.
지 연 왜요? 무슨 일 있었어요?
마리코 지하철에서 잠이 들어서 내릴 곳을 지나가 버렸어요.
지 연 그래요? 그럼 학교에 늦었겠네요?
마리코 네, 그리고 집에 올 때 지갑을 잃어버렸어요.
지 연 정말 속상하겠어요.

연습1

1)
- 지하철에서 잠이 들다
- 내릴 곳을 지나가다
- 집에 오다
- 지갑을 잃어버리다

2)
- 아침에 늦게 일어나다
- 버스를 놓치다
- 버스를 타다
- 넘어지다

3)
- 버스에서 졸다
- 종점까지 가다
- 발표하다
- 외운 것을 잊어버리다

4)
- 시계가 고장이 나다
- 늦잠을 자다
- 시험을 보다
- 답을 잘못 쓰다

운이 없다 to have no luck 잠이 들다 to fall asleep 지나가다 to pass (by) 놓치다 to miss 넘어지다 to fall 졸다 to doze 종점 last stop 외우다 to memorize 답 answer

연습2 여러분은 오늘 아주 힘든 하루를 보냈습니다. 어떤 일이 있었는지 친구와 이야기해 보세요.
You had a really hard day. Talk to your partner about what happened.

· · ·

듣고 말하기 Listening and Speaking

준비 여러분은 언제 기분이 좋습니까?
When do you feel good?

듣기1 잘 듣고 맞는 것을 고르세요. track 80
Listen carefully and choose the correct statement.

① 마리코는 방송국에서 일합니다.

② 내일 마리코는 인터뷰를 할 것입니다.

③ 내일 마리코는 좋아하는 배우를 보러 갑니다.

준비 여러분은 어떤 사람을 인터뷰해 보고 싶습니까?
Who would you like to interview?

듣기2 잘 듣고 질문에 답하세요. track 81
Listen carefully and answer the following question.

1) 남자에 대한 설명으로 맞는 것을 고르세요.

① 요즘 별로 바쁘지 않습니다.

② 일 때문에 여행을 많이 다닙니다.

③ 스트레스를 받을 때 운동을 합니다.

방송국 broadcasting station 인터뷰 interview

말하기 친구를 인터뷰해 보세요.
Interview your classmate.

	질문	대답
1	요즘 어떻게 지내십니까?	
2	요즘 가장 기쁜 일이 무엇입니까?	
3	요즘 속상한 일이 있었습니까? 무엇이었습니까?	
4	무슨 일을 하면 즐겁습니까?	
5	한국에 있을 때 꼭 해 보고 싶은 일이 있습니까?	
6		

시간을 내다 to spare some time

읽고 쓰기 Reading and Writing

준비 여러분은 힘들 때 무엇을 합니까?
What do you do when you are having a hard time?

읽기 다음을 읽고 질문에 답하세요.
Read the passage and answer the following questions.

스트레스 푸는 방법

켈리 (호주)

한국에서 생활하면서 재미있는 일도 많지만 가끔 힘들 때가 있습니다. 저는 한국어로 하고 싶은 말을 잘할 수 없을 때 스트레스를 받습니다. 음식 때문에 힘들 때도 있습니다. 그렇지만 무엇보다 가족이 보고 싶을 때가 제일 힘듭니다.

그럴 때는 한국에 있는 고향 친구들을 만납니다. 친구들과 함께 맛있는 음식을 먹으면서 우리 나라 말로 이야기를 하면 즐겁습니다. 가끔은 밖에 나가서 한 시간 정도 걷습니다. 걷고 나면 걱정을 잊어버릴 수 있습니다. 그리고 청소를 하는 것도 좋은 방법인 것 같습니다. 깨끗한 집을 보면 기분도 좋습니다.

여러분은 스트레스를 받을 때 어떻게 합니까?

스트레스를 풀다 to release stress 무엇보다 most of all

1) 켈리는 언제 제일 힘듭니까?

___

2) 켈리가 한국 생활이 힘들 때 하는 것을 모두 고르세요.

①

②

③

쓰기 여러분은 언제 스트레스를 받습니까? 그럴 때는 어떻게 합니까? 써 보세요.

When do you feel stressed? What do you do then? Write about it.

과 제 Task

친구와 고민을 상담해 보세요.
Talk about a worry and give advice to each other.

여러분은 어떤 고민이나 걱정이 있습니까?
Do you have any problems or concerns?

한 반을 두 그룹으로 나눕니다. 한 그룹은 고민을 상담하는 사람, 한 그룹은 고민을 듣고 조언해 주는 사람이 되어 이야기해 보세요.
Divide the class into two teams. One team will take the role of a client and the other team will take the role of a counselor. Talk about your problems and give advice.

상담이 끝나면 두 그룹이 역할을 바꿔서 이야기해 보세요.
When the counseling is done, change roles.

친구들의 조언 중에서 가장 좋은 것을 뽑고 그 이유를 이야기해 보세요.
Choose the best piece of advice from your classmates and discuss the reason that the advice was the best.

문화 산책 Culture Note

준비 이럴 때 여러분은 뭐라고 말합니까?
How would you respond in this situation?

알아 보기

주말에 한국 친구 집에 놀러 갔습니다. 저는 친구 집에 꽃을 사 갔습니다. 먼저 친구 부모님께 인사를 하고 꽃을 드렸습니다. 그런데 부모님께서 "이런 걸 왜 사 왔어요?" 하고 말씀하셨습니다. 저는 대답할 말이 생각나지 않아서 조금 당황했습니다. 나중에 친구가 그 말은 한국 사람들이 선물을 받을 때 고마운 마음을 표현하는 말이라고 설명해 주었습니다.

생각 나누기 여러분 나라와 문화나 언어 표현이 달라서 당황하거나 실수한 경험이 있으면 이야기해 보세요.
Talk about unexpected or embarrassing situations you have experienced because of cultural differences or the language.

사 가다 to buy and bring 대답하다 to answer 당황하다 to not know what to do because of confusion or unexpected situation; to be taken aback
표현하다 to express 설명하다 to explain

발 음 Pronunciation

준비 들어 보세요. track 82
Listen to the following sentences.

1) 배낭여행을 가고 싶어요.
2) 무슨 일 있어요?

규칙 앞 단어에 'ㄴ, ㅁ, ㅇ' 받침이 있고 뒤에 오는 단어가 '이, 야, 여, 요, 유, 얘, 예'로 시작할 때 그 사이에 [ㄴ]을 넣어 발음합니다.
When the final consonants 'ㄴ, ㅁ, ㅇ' are followed by '이, 야, 여, 요, 유, 얘, 예', the initial consonant 'ㅇ' in '이, 야, 여, 요, 유, 얘, 예' becomes [ㄴ], resulting in the sounds [니, 냐, 녀, 뇨, 뉴, 냬, 녜].

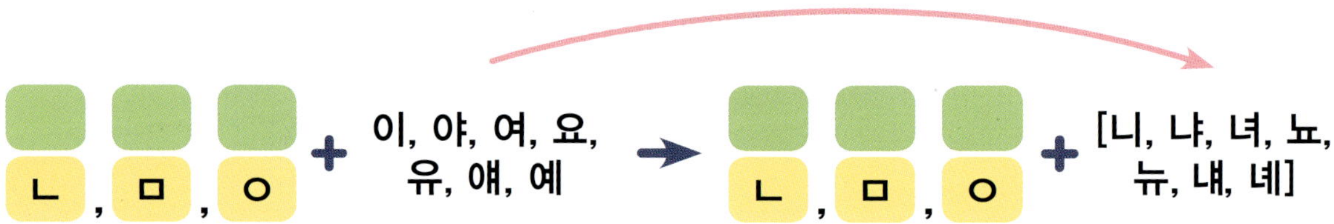

예] 강남역[강남녁]
배낭여행[배낭녀행]
좋은 일[조은닐]
들은 얘기[드른냬기]

연습 잘 듣고 따라 해 보세요. track 83
Listen carefully and repeat the following sentences.

1) 내일 광화문역에서 만나요.
2) 유럽으로 배낭여행을 갔다 왔어요.
3) 재미있는 얘기를 들었어요.
4) A 어제 한 약속 잊어버렸어요?
B 미안해요. 바쁜 일이 있었어요.

자기 평가 Self-Check

1. 다음 중 아는 단어에 ✓ 하세요.
Check all the words that you know.

☐ 외롭다	☐ 속상하다	☐ 창피하다	☐ 답답하다
☐ 힘들다	☐ 긴장되다	☐ 짜증이 나다	☐ 스트레스를 받다
☐ 놓치다	☐ 잠이 들다	☐ 고장이 나다	☐ 생각이 나다

2. 알맞은 것을 골라 대화를 만들어 보세요.
Complete each dialogue using the word in parentheses and the appropriate grammar form in the box.

–겠–	때문에	–아/어 버리다	–(으)ㄹ 때

1) A 제 케이크 못 봤어요?
B 민수 씨 케이크였어요? 미안해요. 제가 배고파서 ____________________. (먹다)

2) A 시험을 잘 본 것 같아요.
B 기분이 ____________________. (좋다)

3) A ____________________ 어떻게 하세요? (외롭다)
B 고향 친구에게 전화해요.

4) A 오늘 유진 씨가 왜 학교에 안 왔어요?
B ____________________ 못 왔어요. (감기)

정답
2. 1) 먹어 버렸어요 2) 좋겠어요 3) 외로울 때 4) 감기 때문에

번 역 Translation

어휘

기분이 좋다	to feel good
기분이 나쁘다	to be upset; to be unhappy
기쁘다	to be happy
슬프다	to be sad
즐겁다	to be joyful; to be enjoyable
외롭다	to be lonely
창피하다	to be embarrassed
속상하다	to feel awful
답답하다	to be frustrated
긴장되다	to be nervous
걱정되다	to be worried
화(가) 나다	to be angry
짜증이 나다	to be annoyed

말하기 1

Yujin Julian, is something wrong?
Julian Yes, I am worried about my friend.
Yujin Why? What happened?
Julian My friend was in a car accident and is in the hospital.
Yujin Oh, really? You must be worried.
Julian Yes, I wish my friend can get out of the hospital soon.

말하기 2

Mariko It seems that I have no luck today.
Jiyeon Why? What's wrong?
Mariko While I was sleeping on the subway, I missed my stop.
Jiyeon Really? Then you must have been late to class.
Mariko Yes. And on my way home, I lost my wallet.
Jiyeon You must feel awful.

9 문의할 게 있는데요
I have something to inquire

학습목표

어 휘	• 전화 Telephone • 정보 Information
문법과 표현 1	• A-(으)ㄴ데요, V-는데요, N인데요 • V-는 중이다, N 중이다
말하기 1	• 정보 전달하기 Giving information
문법과 표현 2	• A-(으)ㄴ가요?, V-나요?, N인가요? • N밖에
말하기 2	• 문의하기 Inquiring
듣고 말하기	• 라디오 퀴즈 프로그램 듣기 Listening to a radio quiz show • 퀴즈 내기 Giving a quiz
읽고 쓰기	• 한국 생활 정보 소개하는 인터넷 게시판 글 읽기 Reading information on an Internet message board about life in Korea • 한국 생활 정보 소개하는 글 쓰기 Writing information about life in Korea
과 제	• 한국에 대한 정보 조사하기 Researching information about Korea
문화 산책	• 한국의 안내 전화 Telephone information directories in Korea
발 음	• 비음화 4 Nasalization 4

어 휘 Vocabulary

1. 그림을 보고 [보기]와 같이 말해 보세요.
Talk about each picture as shown in the example.

전화를 걸다	전화가 오다	전화를 받다
전화를 바꾸다	통화를 하다	전화를 끊다

보 기

2. 그림을 보고 [보기]와 같이 써 보세요.
Write a sentence under each picture as shown in the example.

문자를 보내다	문자를 받다	문자를 지우다

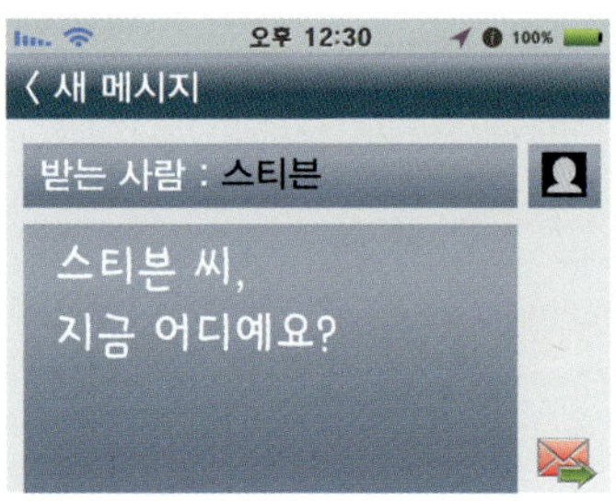

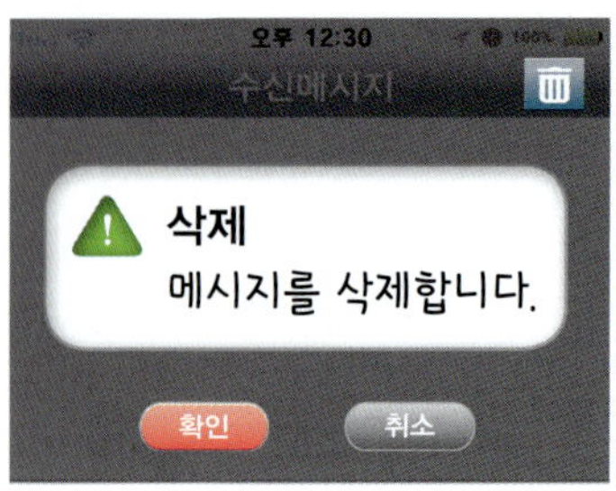

보 기 문자를 보냈어요. ______________. ______________.

3. 빈칸에 알맞은 단어를 골라 쓰고 [보기]와 같이 이야기해 보세요.
Fill in the blanks and practice dialogues as shown in the example.

(대상)	장소	기간	참가비	접수	문의

한국의 전통 음악,
사물놀이를 직접 배워 보세요.

대상	한국에 사는 외국인
	국립국악원
	3. 12. ~ 5. 28. 매주 토요일 10:00 ~ 12:00
	30,000원
	3월 10일(목)까지 전화, 인터넷
	☎ 02-580-3300

보 기

이 수업의 대상은 누구예요?

한국에 사는 외국인이에요.

이 수업의 대상은 누구예요?

장소는 어디예요?

기간은 어떻게 돼요?

참가비는 얼마예요?

접수는 언제까지예요?

문의 전화는 몇 번이에요?

문법과 표현 1 Grammar and Expression 1

1. A-(으)ㄴ데요, V-는데요, N인데요

track 84

A 켈리 씨 좀 바꿔 주세요.

B 지금 집에 없는데요. 실례지만 누구세요?

예

- 이건 너무 비**싼데요**.
- 이 옷은 좀 작**은데요**.
- 지금 뭐 해요?
  - 지금 숙제하**는데요**. 왜요?
- 선생님이세요?
  - 아니요, 저는 학생**인데요**.

연습1 [보기]와 같이 상황에 맞게 이야기해 보세요.

Create a conversation for each situation as shown in the example.

보 기

옷을 바꾸러 백화점에 갔습니다.	환전하러 은행에 갔습니다.
학생증을 만들러 사무실에 갔습니다.	소포를 보내러 우체국에 갔습니다.

2-1. V-는 중이다

track 85

A 지금 뭐 하고 있어요?

B 이메일 쓰는 중이에요.

예

- 뭐 해요?
  - 친구를 기다리는 **중이에요**.
- 지금 밥 먹는 **중이니까** 조금만 기다려 주세요.

연습1 여기는 공항입니다. 이 사람들은 지금 무엇을 하는 중인 것 같습니까? 그림을 보고 이야기해 보세요.
This is an airport. What does it seem like the people are doing right now? Talk about what each person is doing.

2-2. N 중이다

track 86

A 김민수 씨 좀 부탁합니다.

B 지금 회의 중이신데요.

예
- 아키라 씨는 휴가 **중이라서** 회사에 없습니다.
- 뭐 하고 있어요?
  - 운동 **중이에요**.

연습1 그림을 보고 [보기]와 같이 이야기해 보세요.
Create a dialogue for each picture as shown in the example.

보 기

1) 

2) 

3) 

4) 

부탁하다 to ask someone for a favor　공사 construction

말하기 1 Speaking 1

track 87

유진 여보세요? 켈리 씨 휴대폰이지요?
켈리 네, 전데요.
유진 켈리 씨, 저 유진인데요. 지금 통화 괜찮아요?
켈리 네, 괜찮아요. 숙제하는 중이었어요.
유진 켈리 씨, 한국 전통 음악 좋아하지요?
켈리 네, 좋아해요. 그런데 왜요?
유진 국립국악원에서 외국인을 위한 국악 수업을 해요. 켈리 씨가 좋아할 것 같아서 전화했어요.
켈리 그래요? 무슨 요일에 하는데요?
유진 매주 토요일에 하는데 자세한 것은 전화해서 물어보세요. 문자로 전화번호 보내 줄게요.
켈리 네, 고마워요.

연습1

1)
- 숙제하다
- 한국 전통 음악
- 국립국악원 / 국악 수업

2)
- 책을 읽다
- 한국 영화
- 국립극장 / 한국 영화제

3)
- 텔레비전을 보다
- 요리하는 거
- 김치박물관 / 한국 요리 수업

4)
- 청소하다
- 그림 그리는 거
- 예술의전당 / 동양화 수업

국립국악원 National Gugak Center 외국인 foreigner 을/를 위한 for (someone or something) 국악 Korean classical music
국립극장 The National Theater of Korea 김치박물관 Kimchi Museum 예술의전당 Seoul Art Center 동양화 Oriental painting

연습2 포스터를 보고 친구에게 정보를 알려 주세요.

Call your classmate and give them information on the poster.

여보세요, 켈리 씨? 저 유진인데요. 지금 통화 괜찮아요?

네, 숙제하는 중이었어요.

좋은 공연이 있어서 알려 주려고 전화했어요.

어떤 공연인데요?

· · ·

재즈 콘서트

공연 기간 : 6. 7. ~ 6. 12.
장소 : 대학로 콘서트홀

아프리카 사진 전시회

전시 기간 : 6. 15. ~ 6. 30.
장소 : 인사동 미술관

애니메이션 영화제

상영 기간 : 6. 20. ~ 6. 27.
장소 : 광화문 극장

• 통화 가능 여부를 확인할 때
When asking someone if they can talk on the phone

지금 통화 괜찮으세요?
지금 전화 괜찮으세요?
지금 전화받을 수 있으세요?

• 통화 상대를 찾을 때
When asking for someone on the phone

김민수 씨 계십니까?
김민수 씨 좀 부탁합니다.
김민수 씨 좀 바꿔 주세요.

아프리카 Africa 전시 exhibit 애니메이션 animation 상영 screening

문법과 표현 2 Grammar and Expression 2

1. A-(으)ㄴ가요?, V-나요?, N인가요?

track 88

A 요리 수업을 신청하려면 어떻게 해야 하나요?

B 전화나 인터넷으로 하시면 됩니다.

예

- 주말에 도서관에 사람이 많**은가요**?
- 켈리 씨, 지금 집에 있**나요**?
- 책을 한 달에 몇 권 정도 읽으시**나요**?
- 이 책은 누구 책**인가요**?

연습1 [보기]와 같이 여러분이 기자가 되어 반 친구를 인터뷰해 보세요.
Imagine that you are a reporter and interview your classmates as shown in the example.

보 기

고향	한국어 공부 기간	좋아하는 음식
제일 보고 싶은 사람	한국 생활에서 제일 재미있는 것	?

2. N밖에

track 89

A 내일이 시험인데 공부 많이 했어요?

B 아니요, 조금밖에 못 했어요.

예

- 지금 돈이 천 원**밖에** 없어요.
- 빨리 가요. 기차 출발 시간이 삼십 분**밖에** 안 남았어요.
- 저 사람 잘 알아요?
  – 아니요, 이름**밖에** 몰라요.

연습1 그림을 보고 [보기]와 같이 이야기해 보세요.

Create a dialogue for each picture as shown in the example.

보 기

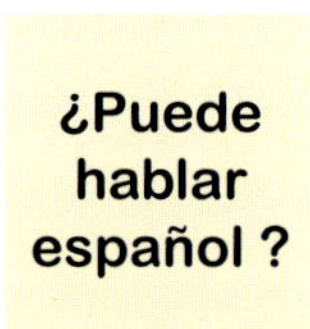

스페인어

책

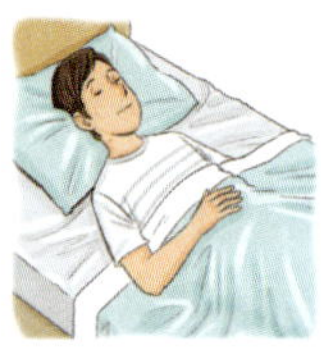
잠

돈

친구

술

운동

남다 to be left (over)

말하기 2 Speaking 2

track 90

켈리 여보세요? 거기 국립국악원이지요? 문의할 게 있어서 전화드렸는데요.
직원 네, 말씀하세요.
켈리 사물놀이를 배우고 싶은데 외국인을 위한 수업은 토요일밖에 없나요?
직원 네, 토요일에만 있는데요.
켈리 신청하려면 어떻게 해야 하지요?
직원 다음 주 금요일까지 전화나 인터넷으로 하시면 됩니다.
켈리 네, 알겠습니다. 그런데 수업 들을 때 필요한 것이 있나요?
직원 아니요, 필요한 것은 모두 무료로 빌려드리니까 그냥 오시면 됩니다.
켈리 감사합니다.

연습1

1)
- 국립국악원
- 사물놀이
- 토요일
- 필요한 것이 있다

2)
- 한국태권도
- 태권도
- 금요일
- 태권도복을 가져가야 하다

3)
- 한국요리학교
- 한국 요리
- 일요일
- 준비할 것이 있다

4)
- 한국다도교실
- 다도
- 화요일
- 가져가야 할 것이 있다

말씀하다 to say (honorific expression) 무료 no charge 태권도복 Taekwondo uniform 다도 tea ceremony

연습2 다음을 보고 한 사람은 문의하는 사람, 다른 사람은 직원이 되어 이야기해 보세요.
Take the role of a person inquiring or employee, and practice conversations.

· · ·

국립국악원

외국인을 위한 국악 교실

기간 : 9. 10. ~ 11. 26.(12주)
매주 토요일 10:00–12:00
장소 : 국립국악원
참가비 : 3만 원
접수 : 인터넷 홈페이지 접수
문의 : 전화(02–580–××××)

※ 악기는 무료로 빌려드립니다.

한국태권도

쉽고 재미있는 태권도 교실

기간 : 9월 3일 ~ 12월 4일(매주 금요일)
장소 : 경희궁
시간 : 1회(11:00–12:00), 2회(15:00–16:00)
참가비 : 2만 원
접수 : 전화 ☎ 02–594–××××

※ 태권도복은 무료로 빌려드립니다.

한국요리학교

외국인 한국 요리 체험

비빔밥과 불고기를 직접 만들어 보세요!

기간 : 9월 매주 일요일 10시–12시(총4회)
장소 : 한국요리학교(종로3가역 2번 출구)
참가비 : 3만 원(재료비 포함)
접수 : 인터넷 홈페이지 접수
문의 : 02–734–××××

한국다도교실

한국 전통 다도 체험

차도 마시고 다도도 배워 보세요.

기간 : 매주 일요일 오후 3:00–4:00
장소 : 인사동 전통 찻집 '궁'
참가비 : 무료
문의 : 735–××××

악기 musical instrument 경희궁 a palace in Seoul 체험 (firsthand) experience 재료비 material fee

듣고 말하기 Listening and Speaking

준비 라디오 방송을 자주 듣습니까? 어떤 프로그램을 좋아합니까?
Do you often listen to the radio? Which program do you like?

듣기1 잘 듣고 맞는 것을 고르세요. track 91
Listen carefully and choose the correct statement.

① 이 퀴즈 프로그램에서는 한국 역사 문제가 나옵니다.

② 이 퀴즈 프로그램에 참가하려면 전화로 신청해야 합니다.

③ 이 퀴즈 프로그램의 대상은 한국에 사는 외국 사람입니다.

준비 여러분은 한국 생활이나 문화에 대한 정보를 어디에서 찾습니까?
Where do you search for information about life and culture in Korea?

듣기2 잘 듣고 질문에 답하세요. track 92
Listen carefully and answer the following questions.

1) 잘 듣고 맞는 것을 모두 고르세요.

① 켈리는 한국학을 공부하는 학생입니다.

② 켈리는 두 문제의 답을 모두 알고 있습니다.

③ 아픈데 도와줄 사람이 없을 때 131에 전화합니다.

2) 두 번째 퀴즈의 답은 무엇입니까?

____

퀴즈 quiz　프로그램 program　참가하다 to participate; to take part　한국학 Korean Studies

말하기 여러분 나라에 대해서 친구들에게 퀴즈를 내 보세요.
Quiz your friends about your country.

읽고 쓰기 Reading and Writing

준비 여러분은 한국어로 하고 싶은 말을 잘할 수 없을 때 어떻게 합니까?
What do you do when you cannot express what you want to say in Korean?

읽기 다음을 읽고 질문에 답하세요.
Read the passage and answer the following questions.

언어교육원 LEI 한국어교육센터 snu Seoul National University

로그인 | 회원 가입 | 마이 페이지

★ 자유게시판

120 전화를 아시나요?

안녕하세요? 저는 2급에서 공부하고 있는 나나라고 합니다. 여러분에게 120 전화를 소개해 주고 싶은데요. 여러분, 서울 생활에서 궁금한 것이 있거나 문제가 있으세요? 그럴 때 120 전화를 이용하면 좋습니다. 저도 이번에 처음 이용해 봤는데 아주 편리했습니다.

저는 어제 수업 중에 갑자기 배가 아파서 병원에 갔습니다. 그런데 한국어를 잘 못해서 아픈 것을 설명할 수 없었습니다. 그때 의사 선생님이 120에 전화를 해서 상담원을 바꿔 주었습니다. 상담원이 제 말을 한국어로 통역해 주어서 치료를 잘 받을 수 있었습니다.

120 전화는 24시간 이용할 수 있고 통역 서비스도 있어서 정말 편합니다. 여러분도 서울 생활에서 알고 싶은 것이 있으면 120 전화를 이용해 보세요.

Re 일본어 통역 서비스도 있나요?
　Re 네, 있어요.
Re 통역 서비스를 받으려면 돈을 내야 돼요?
　Re 아니요, 무료로 이용할 수 있어요.

궁금하다 to be curious　문제가 있다 to have a problem　갑자기 suddenly　상담원 operator　통역하다 to interpret　치료를 받다 to get treatment　통역 interpretation　서비스 service

1) 나나는 어떤 문제가 있어서 120 전화를 이용했습니까?

① 가까운 병원이 어디에 있는지 잘 몰라서

② 한국어로 아픈 것을 잘 설명하지 못해서

③ 서울 생활에 대해서 물어보고 싶은 것이 있어서

2) 120 전화에 대한 설명으로 맞는 것을 모두 고르세요.

① 밤에도 이용할 수 있습니다.

② 일본어 통역 서비스가 있습니다.

③ 통역 서비스를 이용하려면 요금을 내야 합니다.

쓰기

여러분도 한국 생활에 대한 유용한 정보를 알고 있습니까? 친구들에게 소개해 보세요.
Do you have useful information about life in Korea? Share this information with your classmates.

언어교육원 LEI 한국어교육센터 snu Seoul National University

로그인 | 회원 가입 | 마이 페이지

★ 자유게시판

과 제 Task

정보를 알아 오세요.
Find the following information.

한국이나 한국 생활에 대해서 궁금한 것을 종이에 써 보세요.
Write down some questions that you have about Korea or life in Korea on slips of paper.

> 한국에 사는 외국인도 아르바이트를 할 수 있나요?

> 서울 지하철은 몇 시부터 몇 시까지 다니나요?

> 외국인이 한국 요리를 배울 수 있는 곳이 있나요?

위에서 쓴 종이를 모은 후 한 장씩 뽑으세요. 인터넷을 이용하거나 한국 사람에게 물어서 질문에 대한 답을 알아 오세요.
Gather all questions and take turns picking out a question. Find out the answer to each question. You can use the telephone, use the Internet, or ask Koreans directly.

알아 온 답을 반 친구들에게 발표해 보세요.
Present the information you found to the class.

문화 산책 Culture Note

준비 다음 전화를 언제 이용합니까?
When do you use the following phone numbers?

알아보기

다음 주에 제 고향 친구가 한국에 옵니다. 그 친구와 저는 한국 전통문화에 관심이 많아서 같이 경주에 가려고 합니다. 그런데 저도 경주에 가는 것이 처음이라서 여행 준비하는 것이 좀 어려웠습니다. 제가 걱정을 하니까 한국 친구가 저에게 1330 전화를 알려 주었습니다. 저는 1330에 전화를 해서 경주로 가는 교통편과 숙소 등 자세한 정보를 얻을 수 있었습니다.

생각 나누기 여러분 나라의 안내 전화는 어떤 것이 있습니까?
What telephone information directories are provided in your country?

정보를 얻다 to get information

발 음 Pronunciation

준비 들어 보세요. track 93
Listen to the following sentences.

1) 음악을 듣는데 전화가 왔어요.
2) 토요일에 수업이 있나요?

규칙 받침소리 [ㄷ]은 'ㄴ, ㅁ' 앞에서 [ㄴ]으로 발음됩니다.
When the final consonant sound [ㄷ] is followed by 'ㄴ, ㅁ', [ㄷ] is pronounced as [ㄴ].

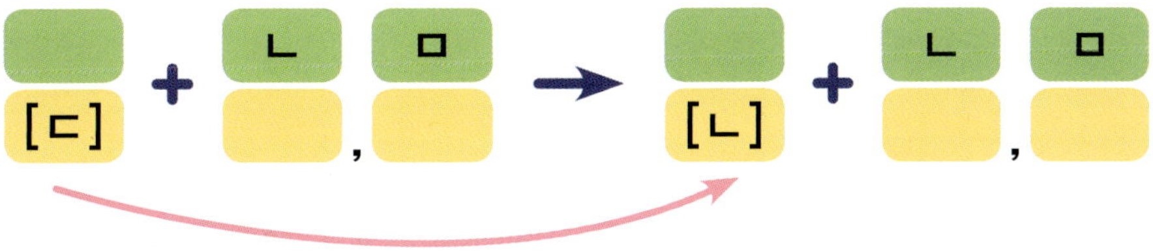

예] 듣네요[든네요]
옛날[옌날]
있는데[인는데]
맞는[만는]
놓는[논는]
못 만나요[몬만나요]

연습 잘 듣고 따라 해 보세요. track 94
Listen carefully and repeat the following sentences.

1) 옷을 바꾸러 왔는데요.
2) 학생이 몇 명 있습니까?
3) 맞는 옷이 별로 없어요.
4) A 수업이 몇 시에 끝나요?
B 한 시에 끝나요.

자기 평가 Self-Check

1. 다음 중 아는 단어에 ✓ 하세요.
   Check all the words that you know.

☐ 전화를 걸다	☐ 통화를 하다	☐ 전화를 끊다	☐ 문자를 지우다
☐ 접수	☐ 문의	☐ 체험	☐ 참가비
☐ 갑자기	☐ 통역하다	☐ 궁금하다	☐ 치료를 받다

2. 알맞은 것을 골라 대화를 만들어 보세요.
   Complete each dialogue using the word in parentheses and the appropriate grammar form in the box.

–(으)ㄴ가요	–는 중이다	인데요	밖에

1) A 김민수 씨 좀 부탁합니다.
   B 지금 ______________________. (통화 중이다)

2) A 학교에서 집이 ______________________? (멀다)
   B 아니요, 가까워요. 걸어서 갈 수 있어요.

3) A 저, 만 원만 빌려줄 수 있어요?
   B ______________________ 없는데 어떻게 하지요? (오천 원)

4) A 여보세요? 민수 씨, 지금 바빠요?
   B 아니요, 지금 ______________________. (텔레비전 보다)

정답

2. 1) 통화 중인데요 2) 먼가요 3) 오천 원밖에 4) 텔레비전 보는 중이에요

번 역 Translation

어휘

전화를 걸다	to make a call	대상	target audience
전화가 오다	to have a phone call	장소	place
전화를 받다	to answer the phone	기간	period
전화를 바꾸다	to give the phone to someone else	참가비	entry fee
통화를 하다	to talk on the phone	접수	receipt
전화를 끊다	to hang up the phone	문의	inquiry
문자를 보내다	to send a text message		
문자를 받다	to receive a text message		
문자를 지우다	to delete a text message		

말하기 1

Yujin Hello, is this Kelly's cell phone?
Kelly Yes, this is Kelly.
Yujin Kelly, this is Yujin. Are you available to talk on the phone now?
Kelly Yes, it's okay. I was doing my homework.
Yujin Kelly, don't you like Korean traditional music?
Kelly Yes, I do. But why are you asking me?
Yujin There is traditional music class for foreigners at the National Gugak Center. I'm calling to let you know because you might be interested in it.
Kelly Really? What day is it?
Yujin It's every Saturday but you might want to ask for details on the phone. I will text you the phone number.
Kelly Okay. Thank you.

말하기 2

Kelly Hello, is this the National Gugak Center? I am calling to inquire about something.
Employee Okay, go ahead.
Kelly I would like to learn *samullori*. Is there a class for foreigners other than the Saturday class?
Employee No. There is only the Saturday class.
Kelly How can I register?
Employee You can register by phone or online till next Friday.
Kelly Okay, I see. By the way, is there anything that I need for the class?
Employee No. We provide everything you need for free, so you can just show up.
Kelly Thank you.

부록 Appendix

활동지	Activity Sheets
문법 해설	Grammar Extension
문화 해설	Culture Extension
듣기 지문	Listening Scripts
모범 답안	Answer Key
어휘 색인	Glossary

4과 과제

p.106

다음 주 월요일에 회사 면접이 있습니다.	이번 주 토요일 저녁에 여자 친구(남자 친구)에게 프러포즈를 하려고 합니다.
다음 주에 사랑하는 사람과 하와이(Hawaii)로 여행을 가려고 합니다.	이번 방학에 알래스카(Alaska)에 여행을 가려고 합니다.
이번 주말에 친구들과 등산을 하려고 합니다.	이번 주말에 한국 친구의 결혼식에 가려고 합니다.
내일은 친구의 생일입니다. 우리 집에서 깜짝 파티(surprise party)를 하려고 합니다.	이번 여름에 가족들과 제주도에 가려고 합니다.

안동 · 부석사	
기간	1박 2일
교통편	KTX + 버스
요금	100,000원 (왕복 교통비, 숙박비, 입장료, 여행자 보험료 포함)
일정	출발 → 안동하회마을 → 도산서원 → 숙소 → 부석사 → 도착

하회마을

도산서원

부석사

거제도 · 외도	
기간	1박 2일
교통편	버스 + 배
요금	130,000원 (왕복 교통비, 숙박비, 입장료, 여행자 보험료 포함)
일정	출발 → 거제도 → 숙소 → 외도 → 미륵산 케이블카 → 도착

거제도

외도

미륵산 케이블카

설악산 · 경포대	
기간	1박 2일
교통편	버스
요금	100,000원 (왕복 교통비, 숙박비, 입장료, 여행자 보험료 포함)
일정	출발 → 설악산 → 대관령 양떼목장 → 숙소 → 경포대 → 도착

설악산

대관령 양떼목장

경포대

경주 · 포항	
기간	1박 2일
교통편	KTX + 버스
요금	170,000원 (왕복 교통비, 숙박비, 입장료, 여행자 보험료 포함)
일정	출발 → 불국사 → 첨성대 → 숙소 → 포항 → 호미곶 → 도착

불국사

첨성대

호미곶

5과 과제

p.128

손님

가고 싶은 나라	
여행 기간	____월 ____일 ~ ____월 ____일 (____박 ____일)
여행비	

여행사에 가서 직원에게 물어보세요.

■ 기본 정보

항공료	□ 왕복 ________원 □ 편도 ________원
숙소	□ 호텔 ________ □ 게스트하우스 ________ □ ________
여행비	

■ 유명한 곳

경치 좋은 곳	
재미있는 곳	
쇼핑할 곳	

■ 먹을 것

유명한 음식	
맛있는 식당	

■ 알아야 할 것

날씨	
준비할 것	
조심할 것	

5과 과제

p.128

직원

■ 기본 정보

항공료	□ 왕복 ________원 □ 편도 ________원
숙소	□ 호텔 ________ □ 게스트하우스 ________ □ ________
여행비	

■ 유명한 곳

경치 좋은 곳	
재미있는 곳	
쇼핑할 곳	

■ 먹을 것

유명한 음식	
맛있는 식당	

■ 알아야 할 것

날씨	
준비할 것	
조심할 것	

7과 과제

p.173

찾아가는 곳	박물관

Ⅰ. 박물관까지 가는 길을 그려 보세요. (약도)

Ⅱ. 박물관에서 다음에 대해 알아보세요.

1. 박물관은 몇 시부터 몇 시까지 문을 엽니까?

2. 박물관은 어떤 요일에 쉽니까?

3. 박물관에 전시실이 몇 개 있습니까?

〈전통미술실(Traditional Art)로 가세요.〉

4. 구경한 그림 중에서 어떤 그림이 제일 좋습니까? 누가 그렸습니까?

〈인류민속실(Anthropology and Folklore)로 가세요.〉

5. 구경한 물건 중에서 어떤 물건이 가장 마음에 듭니까?

찾아가는 곳	학생회관

Ⅰ. 학생회관까지 가는 길을 그려 보세요. (약도)

Ⅱ. 학생회관에서 다음에 대해 알아보세요.

1. 학생회관에는 무엇이 있습니까?

〈은행으로 가세요.〉

2. 은행은 몇 시부터 몇 시까지 합니까?

3. 오늘 환율을 알아보세요. 1달러는 원으로 얼마입니까?

〈서점으로 가세요.〉

4. 서점은 몇 층에 있습니까?

5. '외국인을 위한 한국어발음 47'은 얼마입니까?

7과 과제 p.173

찾아가는 곳	미술관

Ⅰ. 미술관까지 가는 길을 그려 보세요. (약도)

Ⅱ. 미술관에서 다음에 대해 알아보세요.

1. 미술관의 이름은 무엇입니까?

2. 미술관은 몇 시부터 몇 시까지 이용할 수 있습니까?

3. 문을 닫는 날은 언제입니까?

4. 미술관 입장료는 얼마입니까?

5. 지금 어떤 전시회를 하고 있습니까?

7과 과제

p.173

찾아가는 곳	학생 식당

Ⅰ. 학생 식당까지 가는 길을 그려 보세요. (약도)

Ⅱ. 학생 식당에서 다음에 대해 알아보세요.

1. 메뉴는 몇 가지가 있습니까?

2. 음식값은 얼마입니까?

3. 오늘의 메뉴는 무엇입니까?

4. 학생 식당은 몇 시부터 몇 시까지 합니까?

5. 주말에도 학생 식당을 이용할 수 있습니까?

7과 과제

p.173

찾아가는 곳	도서관

Ⅰ. 도서관까지 가는 길을 그려 보세요. (약도)

Ⅱ. 도서관에서 다음에 대해 알아보세요.

1. 책을 빌리려면 몇 층으로 가야 합니까?

2. 책을 몇 시부터 몇 시까지 빌릴 수 있습니까?

3. 책을 얼마 동안, 몇 권까지 빌릴 수 있습니까?

4. 1층에 책을 반납(return)하는 곳이 있습니다. 어디에 있습니까?

5. '서울대 한국어 2'는 몇 층에 있습니까?

7과 과제

p.173

찾아가는 곳	보건소

Ⅰ. 보건소까지 가는 길을 그려 보세요. (약도)

Ⅱ. 보건소에서 다음에 대해 알아보세요.

1. 보건소는 몇 층에 있습니까?

2. 보건소는 몇 시부터 몇 시까지 합니까?

3. 보건소 전화번호는 몇 번입니까?

4. 가정의학과(family medicine)는 몇 호입니까?

5. 안과(department of ophthalmology)는 무슨 요일에 합니까?

문법 해설 Grammar Extension

1과

1. N(이)라고 하다

p.28

다른 사람에게서 들은 내용을 간접적으로 옮겨 말할 때 쓴다.

'(이)라고 하다' is used to indirectly quote something that one has heard from others.

명사와 결합한다. '(이)라고 하다' attaches to nouns.

받침 X	받침 O
마리코 → 마리코**라고 하다**	스티븐 → 스티븐**이라고 하다**

예) 저는 마리코**라고 해요**.

저는 스티븐**이라고 합니다**.

약속 시간이 언제**라고 했어요**?

– 정우 씨가 한 시**라고 했어요**.

이것은 한국의 전통 옷입니다. 한국어로 '한복'**이라고 합니다**.

자신을 소개할 때 보통 "저는 김철수입니다."라고 자기의 이름을 직접 말하지만 공식적인 상황에서는 간접적으로 옮겨 전하는 것처럼 "저는 김철수라고 합니다."라고 말하는 경우가 많다.

One can introduce oneself directly with "저는 김철수입니다." (I am Kim Cheolsoo), or more indirectly with the expression "저는 김철수라고 합니다." (literally: I am called Kim Cheolsoo). Although the literal translation sounds little awkward in English, the latter indirect expression is very common and natural in Korean and is often used in official settings.

2. V–(으)려고

p.29

어떤 행위의 의도를 나타낸다.

'–(으)려고' indicates that someone has intention to do something.

동사와 결합한다. '–(으)려고' is added to verb stems.

받침 X	받침 O
보내다 → 보내**려고**	먹다 → 먹**으려고**

예) 편지를 보내**려고** 우체국에 가요.

내일 아침에 먹**으려고** 우유를 샀어요.

오늘 저녁에 불고기를 만들**려고** 쇠고기를 샀어요.

앞뒤 문맥에서 '–(으)려고' 다음의 서술어를 다시 언급하지 않아도 문맥이나 상황 등으로 이해하거나 예측할 수 있을 경우 '–(으)려고'로 문장을 마칠 수 있다. 이때 보조사 '요'를 붙여 존대의 뜻을 나타낸다. 다른 연결 어미 역시 이와 같은 방법으로 간단하게 표현할 수 있다.

In certain contexts when the predicate is predictable to all, the connective, '–(으)려고' can end a sentence. In these situations the auxiliary particle '–요' can be added to '–(으)려고' in order to express politeness. Some other Korean connectives can end sentences in this concise manner; adding '–요' always raises the level of politeness.

예) 왜 한국어를 공부해요?
- 한국 친구들과 이야기하려고 공부해요.
(= 한국 친구들과 이야기하**려고요**.)
왜 창문을 열었어요?
- 더워서 열었어요.
(= 더**워서요**.)

'-(으)려고'와 '-(으)러'(1권 16과)의 비교
Distinguishing '-(으)려고' from '-(으)러'(Level 1 Unit 16)

V-(으)려고	V-(으)러
• 뒤에 오는 동사에 제약이 없다. '-(으)려고' is followed by any action verb. 예) 한국어 배우**려고** 왔어요. (O) 내일 읽**으려고** 책을 샀어요. (O)	• 뒤에 '가다, 오다, 다니다' 등 이동과 관계된 동사만 쓸 수 있다. '-(으)러' is followed by verbs of movement such as '가다, 오다, or 다니다'. 예) 한국어 배우**러** 왔어요. (O) 내일 읽**으러** 책을 샀어요. (X)
• 후행절에 청유형이나 명령형을 쓰지 않는다. '-(으)려고' never takes the propositive or the imperative. 예) 밥 먹**으려고** 갑시다. (X) 학생증 받**으려고** 오세요. (X)	• 후행절의 제약이 없다. '-(으)러' can take any tense or mood in the final clause. 예) 밥 먹**으러** 갑시다. (O) 학생증 받**으러** 오세요. (O)

3. V-거나

p.32

앞의 것이나 뒤의 것 중에서 하나를 선택함을 나타낸다.
'-거나' indicates a series of options.

동사와 결합한다. '-거나' is added to verb stems.

받침 X	받침 O
쓰다 → 쓰**거나**	듣다 → 듣**거나**

예) 부모님께 자주 이메일을 보내**거나** 전화를 해요.
시간이 있으면 음악을 듣**거나** 영화를 봐요.

보통 두 개의 동사구를 이어서 사용하지만 두 개 이상의 동사구를 연결할 때도 사용할 수 있다.
It can link two or more verb phrases.

예) 주말에는 도서관에 가**거나** 쇼핑을 하**거나** 청소를 해요.

4. N(이)나 1

p.33

명사를 나열하여 그 중 하나를 선택함을 나타낸다.

'(이)나' indicates options among a group of similar things.

명사와 결합한다. '(이)나' is added to nouns.

받침 X	받침 O
사과 → 사과**나**	책 → 책**이나**

예) 커피**나** 녹차 있어요?
아침에 보통 빵**이나** 과일을 먹어요.

2과

1. V-는 것

p.50

동사구를 명사처럼 쓸 때 사용한다.

'-는 것' changes a verb phrase to a noun phrase.

동사와 결합한다. '-는 것' attaches to verb stems.

받침 X	받침 O
오다 → 오**는 것**	먹다 → 먹**는 것**

예) 저는 운동하**는 것**을 싫어해요.
저는 사진 찍**는 것**이 취미예요.
과자 만드**는 것**이 재미있어요.
뭐 하고 있어요?
– 아이들이 노**는 것**을 보고 있어요.

조사 '이/가'가 붙어 주어 자리에, 조사 '을/를'이 붙어 목적어 자리에 사용된다.

This form can function as the subject of a sentence with the particle '이/가', or as the object with the particle '을/를'.

예) 일찍 자는 것**이** 건강에 좋아요.
운동 좋아하세요?
– 네, 저는 운동하는 것**을** 좋아해요.

'-는 것'의 '것'은 구어에서 '거'로 사용되는데 뒤에 조사가 올 경우 다음과 같이 축약된다.

'거' replaces '것' in spoken language and may be abbreviated in combination with particles.

예) 일찍 일어나는 **것이(→ 게)** 힘들어요.
저는 영화 보는 **것을(→ 걸)** 좋아해요.
외국어 배우는 **것은(→ 건)** 재미있어요.

2. V-(으)ㄹ 줄 알다[모르다]

p.51

어떤 일에 대한 가능 여부를 표현할 때 사용한다.

'-(으)ㄹ 줄 알다[모르다]' is used to express that the subject knows[does not know] how to do something.

동사와 결합한다. '-(으)ㄹ 줄 알다[모르다]' is added to verb stems.

받침 X	받침 O
수영하다 → 수영**할 줄 알다[모르다]**	읽다 → 읽**을 줄 알다[모르다]**

예) 저는 수영**할 줄 몰라요**.

저는 한글을 읽**을 줄 알아요**.

운전**할 줄 아세요**?

– 네, 운전**할 줄 알아요**.

케이크를 만**들 줄 알아요**.

'-(으)ㄹ 줄 알다[모르다]'와 '-(으)ㄹ 수 있다[없다]'(1권 16과)의 비교

Distinguishing '-(으)ㄹ 줄 알다[모르다]' from '-(으)ㄹ 수 있다[없다]'(Level 1 Unit 16)

V-(으)ㄹ 줄 알다[모르다]	V-(으)ㄹ 수 있다[없다]
• 특별한 기술이나 능력이 필요한 일에 사용하는 것이 더 자연스럽다. It is more appropriate to use '-(으)ㄹ 줄 알다[모르다]' for an action requiring a special skill or method. 예) 운전**할 줄 알아요**. (O) 걸**을 줄 알아요**. (X)	• 특별한 기술이나 능력이 필요하지 않은 일에도 사용할 수 있다. '-(으)ㄹ 수 있다[없다]' can be used for actions which do not require a special skill or technique. 예) 운전**할 수 있어요**.(O) 걸**을 수 있어요**. (O)
• 어떤 상황에서 그 일이 가능한지 물을 때는 사용할 수 없고 능력의 여부를 물을 때만 사용된다. '-(으)ㄹ 줄 알다[모르다]' is only used to ask about the ability of the subject. 예) 지금 출발**할 줄 알아요**? (X) 언제 만**날 줄 알아요**? (X)	• 능력의 여부를 물을 때뿐만 아니라 어떤 상황에서 그 일이 가능한지를 물을 때도 사용된다. '-(으)ㄹ 수 있다[없다]' is used to ask about the possibility of an event in specific circumstances, as well as to ask about ability of the subject. 예) 지금 출발**할 수 있어요**? (O) 언제 만**날 수 있어요**? (O)

3. V-(으)ㄴ N

p.54

명사를 수식하며 그 동사로 표현되는 사건이나 행위가 과거에 일어났음을 나타낸다.

'-(으)ㄴ' modifies nouns and indicates that a situation or action is completed.

동사와 결합한다. '-(으)ㄴ' is added to verb stems.

받침 X	받침 O
사다 → **산**	먹다 → 먹**은**

예) 지난달에 **산** 컴퓨터가 고장이 났어요.

우리가 점심에 먹**은** 음식 이름이 뭐예요?

조금 전에 전화를 **건** 사람은 줄리앙 씨예요.

4. A/V-지 않다

p.55

앞의 행위나 상태에 대해 부정할 때 쓴다.
'-지 않다' is used to negate an action or the state of the verb or adjective.

형용사, 동사와 결합한다. '-지 않다' is added to adjective stems or verb stems.

	받침 X	받침 O
형용사	크다 → 크**지 않다**	작다 → 작**지 않다**
동사	가다 → 가**지 않다**	먹다 → 먹**지 않다**

예) 이 구두는 별로 편하**지 않아요.**
오늘은 춥**지 않네요.**
저는 어제 술을 마시**지 않았어요.**

'-지 않다'의 '-지' 뒤에 조사가 붙어서 뜻을 더해 줄 수 있다.
Inserting a particle between '지' and '않다' can add meaning.

예) 배가 고프지만 그 음식을 먹고 싶**지는 않아요.**
그 사람은 내 얼굴을 보**지도 않았어요.**

'못' 부정형은 '-지 못하다'의 형태로 쓸 수 있다.
Another negation form using '못' is '-지 못하다'.

예) 나는 한자를 **못 읽습니다.**
= 나는 한자를 읽**지 못합니다.**
어제는 바빠서 친구들을 **못 만났어요.**
= 어제는 바빠서 친구들을 만나**지 못했어요.**

3과

1. V-아/어 보다

p.72

어떤 일을 한번 시도하거나 경험했음을 나타낸다.
'-아/어 보다' is used to express that the subject has tried or experienced something.

동사와 결합한다. '-아/어 보다' is added to verb stems.

ㅏ, ㅗ	하다	ㅓ, ㅜ, ㅣ…
가다 → **가 보다**	하다 → **해 보다**	먹다 → 먹**어 보다**

예) 제주도에 **가 봤어요.**
번지 점프를 **해 봤어요.**
이 노래 들**어 봤어요?**
- 네, 들**어 봤어요.**

2. N 동안

p.73

어떤 행위나 상태가 계속되고 있는 시간을 나타낸다.

'동안' indicates a duration of time.

명사 뒤에 쓴다. '동안' is used with nouns.

받침 X	받침 O
휴가 → 휴가 **동안**	방학 → 방학 **동안**

예) 여름휴가 **동안** 책을 많이 읽었어요.
일주일 **동안** 일본 여행을 했어요.

'동안'을 생략해도 의미가 통하는 경우가 많다.

In many cases, '동안' can be omitted without changing the meaning of the sentence.

예) 아파서 열 시간 (**동안**) 잤어요.
제주도를 일주일 (**동안**) 여행했어요.

'동안' 앞에 1일, 2일이 올 경우 '하루', '이틀'로 말하는 것이 더 자연스럽다.

It is more appropriate to use '하루' or '이틀' when '1일' or '2일' is followed by '동안'.

1일	2일	3일	4일	5일
하루	이틀	사흘	나흘	닷새
6일	7일	8일	9일	10일
엿새	이레	여드레	아흐레	열흘

3. A-(으)ㄴ데, V-는데, N인데 1

p.76

뒤에 이어질 내용에 대한 배경이나 상황을 제시한다.

A clause with this ending functions as a lead-in to the following clause, providing background or situational information.

형용사, 동사, 명사와 결합한다. This form is added to adjective stems, verb stems, and nouns.

	받침 X	받침 O
형용사	크다 → 큰**데**	작다 → 작**은데**
동사	가다 → 가**는데**	먹다 → 먹**는데**
명사	친구 → 친구**인데**	학생 → 학생**인데**

예) 배가 아**픈데** 약 있어요?
사전이 없**는데** 좀 빌려주세요.
요즘 태권도를 배우**는데** 아주 재미있어요.
여기는 우리 학교**인데** 외국 학생들이 많아요.

상대방에게 어떤 행동을 명령, 부탁하거나 같이 하자고 제안할 때 배경으로 사용된다.
This form provides background or a reason for commanding, requesting, or suggesting something to others.

예) 늦**었는데** 지하철을 타세요.
사전이 없**는데** 좀 빌려주세요.
콘서트 표가 있**는데** 같이 가요.

상대방에게 무엇을 물어볼 때 물어보는 이유나 배경으로 사용된다.
This form provides background or a reason for asking a question.

예) 지금 비가 오**는데** 우산 있어요?
부탁이 있**는데** 시간 있어요?

부연 설명이 이어지는 설명하는 문장에 사용된다.
This form makes a statement clause used for additional explanation.

예) 이것은 송편**인데** 추석에 먹어요.
어제 영화를 **봤는데** 아주 재미있었어요.
이 분은 세종대왕**인데** 한국 사람들이 존경하는 분이에요.

4. V-(으)ㄹ N

p.78

명사를 수식하며 그 동사로 표현되는 사건이나 행위가 일어나지 않았거나 정해진 사실이 아님을 나타낸다.
'-(으)ㄹ' modifies a noun and indicates a situation or action which has not yet occurred.

동사와 결합한다. '-(으)ㄹ' is added to verb stems.

받침 X	받침 O
만나다 → 만**날**	읽다 → 읽**을**

예) 내일 모임에 **올** 수 있어요?
- 미안해요. 내일은 바빠서 **갈** 시간이 없어요.
사람이 많아서 앉**을** 자리가 없어요.

4과

1. A-(으)ㄴ 것 같다, V-는 것 같다, N인 것 같다

p.94

여러 상황으로 미루어 현재 그런 일이 일어나거나 그러한 상태에 있다고 추측함을 나타낸다.
These forms express conjecture or speculation based on one's own sense, observation, or judgement.

형용사, 동사, 명사와 결합한다. These forms are added to adjective stems, verb stems, or nouns.

	받침 X	받침 O
형용사	크다 → **큰 것 같다**	작다 → 작**은 것 같다**
동사	가다 → 가**는 것 같다**	먹다 → 먹**는 것 같다**
명사	가수 → 가수**인 것 같다**	학생 → 학생**인 것 같다**

예) 수미는 요즘 바**쁜 것 같아요**.
피곤**한 것 같은데** 좀 쉬세요.
지금 밖에 비가 오**는 것 같아요**.
옆집에서 불고기를 먹**는 것 같아요**. 불고기 냄새가 나요.
저 사람은 지연 씨 동생**인 것 같아요**.

'있다, 없다'로 끝나는 형용사는 '-는 것 같다'와 결합한다.
When '있다, 없다' is appended to an adjective, it is frequently combined with the experssion '-는 것 같다'.

예) 저 식당이 싸고 맛있**는 것 같아요**.
집에 전화를 했는데 안 받아요. 집에 아무도 없**는 것 같아요**.

부정 표현과 결합한 형태는 다음과 같다.
The following are forms of negation.

	받침 X	받침 O
형용사	크다 → 크**지 않은 것 같다**	작다 → 작**지 않은 것 같다**
동사	가다 → 가**지 않는 것 같다**	먹다 → 먹**지 않는 것 같다**
명사	가수 → 가수**가 아닌 것 같다**	학생 → 학생**이 아닌 것 같다**

말하는 사람 자신의 생각이나 의견을 말할 때 강하게 주장하거나 단정적으로 말하지 않고 완곡하게, 또는 소극적으로 말하는 느낌이 있다.
This form is also used to express one's opinion in a tactful way, rather than speaking bluntly.

예) 이 책은 저한테 좀 어**려운 것 같아요**.
머리가 좀 아**픈 것 같아요**.

2. N보다

p.98

앞말이 비교의 기준이 되는 대상임을 나타낸다.
When comparing two or more things or people, '보다' is used as the basis of the comparison. '보다' is the counterpart of the English than, but in Korean it comes after the second noun being compared.

명사와 결합한다. '보다' attaches to nouns.

받침 X	받침 O
어제 → 어제**보다**	월요일 → 월요일**보다**

예) 오늘이 어제**보다** 더워요.
월요일**보다** 화요일이 더 바빠요.
이 책이 그 책**보다** 어려워요.

비교의 기준이 되는 '보다'는 비교 대상이 되는 말 앞이나 뒤에 모두 올 수 있다.
'보다' may be placed either before or after the subject.

예) 오늘이 어제**보다** 더 더워요.
= 어제**보다** 오늘이 더 더워요.

3. A/V-았으면/었으면 좋겠다

p.99

어떤 일이 이루어졌으면 하는 희망이나 바람을 나타낸다.

'-았으면/었으면 좋겠다' expresses the speaker's hope or desire.

형용사, 동사와 결합한다. '-았으면/었으면 좋겠다' is added to adjective stems or verb stems.

	ㅏ, ㅗ	하다	ㅓ, ㅜ, ㅣ···
형용사	작다 → 작**았으면 좋겠다**	편하다 → 편**했으면 좋겠다**	길다 → 길**었으면 좋겠다**
동사	가다 → **갔으면 좋겠다**	좋아하다 → 좋아**했으면 좋겠다**	먹다 → 먹**었으면 좋겠다**

예) 이번 휴가 때는 여행을 **갔으면 좋겠어요.**
그 친구가 나를 오래 기억**했으면 좋겠어요.**
돈을 많이 벌**었으면 좋겠어요.**
치마 색깔이 좀 더 밝**았으면 좋겠어요.**

'-았으면/었으면 좋겠다'는 '-(으)면 좋겠다'와 바꾸어 쓸 수 있다. 바라는 일이 이루어지기 힘들거나 실현 가능성이 적은 일일 경우 '-았으면/었으면 좋겠다'를 써서 바라는 일을 강조하는 경향이 있다.

'-았으면/었으면 좋겠다' is interchangeable with '-(으)면 좋겠다'. Compared with '-(으)면 좋겠다', '-았으면/었으면 좋겠다' is used when something is less possible or most likely will not happen. '-았으면/었으면 좋겠다' puts more emphasis on the wish.

예) 세계 여행을 하**면 좋겠어요.**
세계 여행을 **했으면 좋겠어요.**

5과

1. A/V-(으)ㄹ까요?

p.116

어떤 상황에 대한 추측이나 의심에 대해 상대의 생각을 물을 때 사용한다.

'-(으)ㄹ까요?' is used to ask for the listener's opinion about something unknown to, or wondered about by the speaker.

형용사, 동사와 결합한다. '-(으)ㄹ까요?' is added to adjective stems or verb stems.

	받침 X	받침 O
형용사	크다 → **클까요**	작다 → 작**을까요**
동사	오다 → **올까요**	먹다 → 먹**을까요**

예) 지금 길이 복잡**할까요?**
이 옷이 스티븐 씨에게 작**을까요?**
내일 비가 **올까요?**
이 음식을 아이가 잘 먹**을까요?**
주말인데 식당을 예약할 수 있**을까요?**

2. A/V-(으)ㄹ 거예요

p.117

어떤 상황에 대한 추측이나 자신의 생각을 완곡하게 말할 때 사용한다.

'-(으)ㄹ 거예요' is used to express one's assumption or opinion about a certain situation in a less direct way.

형용사, 동사와 결합한다. '-(으)ㄹ 거예요' is added to adjective stems or verb stems.

	받침 X	받침 O
형용사	크다 → **클 거예요**	작다 → 작**을 거예요**
동사	오다 → **올 거예요**	먹다 → 먹**을 거예요**

예) 일찍 출발하세요. 길이 많이 막**힐 거예요.**
이 옷이 스티븐 씨에게 맞**을까요**?
– 네, 아마 맞**을 거예요.**
아이가 이 음식을 잘 먹**을까요**?
– 네, 아마 잘 먹**을 거예요.**

추측한 것에 대해 자신이 없거나 가능성이 낮은 것을 나타낼 때 부사 '아마'를 같이 쓰는 경우가 많다.
The adverb '아마' is often used with this form to express a further degree of uncertainty.

예) 내일 **아마** 비가 **올 거예요.**
민수 씨가 **아마** 이 선물을 좋아**할 거예요.**

추측 의미로 사용되는 '-(으)ㄹ까요?'의 대답으로 자주 사용되며 말하는 사람의 제안을 나타내는 '-(으)ㄹ까요?'의 대답으로는 사용될 수 없다.
This form is often used as a response to a question with '-(으)ㄹ까요?' indicating assumption but not suggestion.

예) 내일 비가 **올까요**?
– 아마 **올 거예요.** (O)
같이 영화 **볼까요**?
– 네, 볼 거예요. (X)
네, 좋아요. 같이 봐요. (O)

3. A/V-(으)니까, N(이)니까

p.120

앞의 내용이 뒤에 오는 내용의 이유나 근거임을 나타낸다.
These forms indicate the preceding clause is the reason for or basis for the following clause.

형용사, 동사, 명사와 결합한다. These forms are added to adjective stems, verb stems, or nouns.

	받침 X	받침 O
형용사	바쁘다 → 바쁘**니까**	작다 → 작**으니까**
동사	가다 → 가**니까**	먹다 → 먹**으니까**
명사	친구 → 친구**니까**	일요일 → 일요일**이니까**

예) 불고기가 맛있**으니까** 불고기를 드세요.
날씨가 너무 **추우니까** 밖에 나가지 마세요.
집이 여기에서 **머니까** 빨리 가야 돼요.
구두를 신고 **걸으니까** 발이 아파요.
월요일**이니까** 길이 많이 막힐 거예요.

'-(으)니까'와 '-아서/어서'(1권 12과)의 비교

Distinguishing '-(으)니까' from '-아서/어서'(Level 1 Unit 12)

A/V-(으)니까	A/V-아서/어서
• 후행절 제약이 없다. There is no restriction for the final clause. 예) 날씨가 좋**으니까** 산에 갈까요? (O) 저 영화가 재미있**으니까** 한번 보세요. (O)	• 후행절에 명령이나 제안을 나타내는 문장이 올 수 없다. This form cannot be used with the final clause that is recommending or suggesting. 예) 날씨가 좋**아서** 산에 갈까요? (X) 저 영화가 재미있**어서** 한번 보세요. (X)
• 과거를 나타내는 '-았/었-'과 함께 쓸 수 있다. The past form '-았/었-' can be added to '-(으)니까'. 예) 주말에 쉬었**으니까** 오늘은 공부해야 돼요. (O)	• 과거를 나타내는 '-았/었-'과 함께 쓸 수 없다. The past form '-았/었-' cannot be used with '-아서/어서'. 예) 주말에 쉬었**어서** 오늘은 공부해야 돼요. (X) 주말에 쉬**어서** 오늘은 공부해야 돼요. (O)

공손하게 이유를 설명해야 할 경우 '-(으)니까'를 사용하면 어색하다.

It is not appropriate to use '-(으)니까' when providing reasons or excuses for an action in a polite manner.

예) 선생님, 죄송합니다. 길이 막히니까 늦었어요. (X)
선생님, 죄송합니다. 길이 막혀서 늦었어요. (O)
도와주셨으니까 감사합니다. (X)
도와주셔서 감사합니다. (O)

4. V-고 나서

p.121

어떤 행위를 끝낸 다음에 다른 행위를 하거나 어떤 상황이 일어나게 되었음을 나타낸다.

'-고 나서' indicates that an action or event has been completed and another action or event follows.

동사와 결합한다. '-고 나서' can be added to verb stems.

받침 X	받침 O
가다 → 가**고 나서**	먹다 → 먹**고 나서**

예) 부모님과 의논하**고 나서** 결정했어요.
저녁 먹**고 나서** 같이 커피 마셔요.
마리코 씨가 가**고 나서** 스티븐 씨가 왔어요.
영화가 끝나**고 나서** 사람들이 밖으로 나갔어요.

1. N(으)로

p.138

명사 뒤에 쓰여 그것이 어떤 행위의 도구나 수단, 방법임을 나타낸다.
'(으)로' indicates a means or method for an action.

명사와 결합한다. '(으)로' attaches to nouns.

받침 X	받침 O
버스 → 버스**로**	볼펜 → 볼펜**으로**

예) 비행기**로** 보내면 3일 걸려요.
인터넷**으로** 게임을 해요.

앞에 결합하는 명사가 받침 'ㄹ'로 끝나는 경우 '으로'가 아니라 '로'와 결합한다.
'로' is used after nouns ending in the consonant 'ㄹ'.

예) 연필**로** 쓰세요.
학교에 지하철**로** 왔어요.

2. N(이)라서

p.139

앞의 내용이 뒤에 오는 내용의 이유나 근거임을 나타낸다.
'(이)라서' indicates the reason for the following phrase.

명사와 결합한다. '(이)라서' is added to nouns.

받침 X	받침 O
친구 → 친구**라서**	방학 → 방학**이라서**

예) 전에 배운 거**라서** 어렵지 않아요.
한국말 잘하시네요.
– 부모님이 한국 사람**이라서** 그래요.

3. '르' 불규칙

p.142

어간의 끝음절 '르'가 어미 '–아/어' 앞에서 '–'가 탈락하고 'ㄹ'이 삽입되어 'ㄹㄹ' 형태가 된다. '르' 불규칙 용언에는 '빠르다, 다르다, 모르다, 부르다, 오르다, 서두르다' 등이 있다.

When verbs and adjectives ending in '르' are conjugated with forms beginning in '–아/어', 'ㅡ' is dropped. At the same time, the remaining 'ㄹ' becomes part of the following syllable, and another 'ㄹ' is added to it. As a result, '–아/어' changes into '–라/러'. '빠르다, 다르다, 모르다, 부르다, 오르다, 서두르다' are examples of '르' irregular verbs and adjectives.

	-아요/어요	-습니다/ㅂ니다	-(으)니까	-아서/어서	-(으)ㄴ데/는데
빠**르**다	빨라요	빠릅니다	빠르니까	빨라서	빠른데
다**르**다	달라요	다릅니다	다르니까	달라서	다른데
모**르**다	몰라요	모릅니다	모르니까	몰라서	모르는데
부**르**다	불러요	부릅니다	부르니까	불러서	부르는데
오**르**다	올라요	오릅니다	오르니까	올라서	오르는데
서두**르**다	서둘러요	서두릅니다	서두르니까	서둘러서	서두르는데

예) 지금 길이 막혀서 지하철로 가는 게 더 **빨라요**.
우리 언니와 저는 성격이 **달라요**.
저는 그 사람을 **몰라요**.
아키라 씨가 노래를 **불렀어요**.
커피값이 많이 **올랐지요**?
시간이 별로 없어서 **서둘러서** 갔어요.

'이르다', '들르다' 등은 규칙 용언이므로 '르' 불규칙 활용을 하지 않는다.
Regular verbs such as '이르다', '들르다' do not change their forms.

예) 밤 12시에 **이르러** 서울에 도착했다.
잠깐 휴게소에 **들러서** 간식을 샀어요.

4. V-(으)면 되다

p.143

어떤 일에 대한 규칙이나 해결 방법 등을 설명할 때 사용한다.
'-(으)면 되다' is used to explain a rule or solution.

동사와 결합한다. '-(으)면 되다' is added to verb stems.

받침 X	받침 O
가다 → 가**면 되다**	읽다 → 읽**으면 되다**

예) 9시에 시작하니까 9시까지 오**면 돼요**.
이 책을 언제까지 다 읽어야 돼요?
– 내일까지 읽**으면 돼요**.

반드시 그렇게 해야 한다는 의미보다 앞에 나오는 조건만 충족되면 충분하다는 의미이다. 따라서 '-아야/어야 하다'처럼 조건에 대한 의무나 당위가 강조되지 않는다.
'-(으)면 되다' conveys 'sufficiency', rather than 'obligation' as in '-아야/어야 하다'.

예) 내일 학교에 몇 시까지 **가야 해요**?
– 9시까지 **가야 해요**. (9시까지 가는 것이 의무임 One must be at school by 9.)
– 9시까지 **가면 돼요**. (9시까지 가면 충분함 One can be at school by 9.)

5. V-(으)ㄴ 것 같다

p.144

여러 상황으로 미루어 과거에 그런 일이 일어났다고 추측함을 나타낸다.

'-(으)ㄴ 것 같다' is used to speculate about past events, based on the speaker's perceptions.

동사와 결합한다. '-(으)ㄴ 것 같다' is added to verb stems.

받침 X	받침 O
가다 → **간 것 같다**	먹다 → 먹**은 것 같다**

예) 스티븐 씨가 집에 **간 것 같아요**. 자리에 가방이 없어요.
유진 씨가 그 옷을 선물로 받**은 것 같아요**.
아키라 씨는 어제 늦게까지 친구들과 **논 것 같아요**.

7과

1. A/V-(으)ㄹ 것 같다

p.160

말하는 사람의 추측을 표현할 때 사용한다.

'-(으)ㄹ 것 같다' indicates the speaker's speculation.

형용사, 동사와 결합한다. '-(으)ㄹ 것 같다' is added to adjective stems or verb stems.

	받침 X	받침 O
형용사	크다 → **클 것 같다**	작다 → 작**을 것 같다**
동사	오다 → **올 것 같다**	먹다 → 먹**을 것 같다**

예) 히엔 씨에게 이 구두는 좀 **클 것 같아요**.
저 가수는 인기가 많**을 것 같아요**.
내일은 비가 **올 것 같아요**.
이 책은 너무 길어서 오늘 다 못 읽**을 것 같아요**.

상대방에게 화자 자신의 생각이나 의견을 강하게 주장하지 않고 겸손하게 말할 때도 많이 사용한다.

This form is also used to express a speaker's opinion in a humble way rather than strongly.

예) 고향에서 부모님이 오시는데 어디에 가면 좋아요?
– 부모님과 같이 가면 인사동이 좋**을 것 같아요**.
시간이 없으니까 다음에 합시다.
– 네, 다음에 하는 게 좋**을 것 같아요**.

과거나 완료된 일에 대해서 추측할 경우 '-았을/었을 것 같다'를 사용한다.

'-았을/었을 것 같다' is used when speculating about past events.

예) 어제 이사했지요? 힘들**었을 것 같아요**.
벌써 집에 도착**했을 것 같아요**.

2. V-는지 알다[모르다], N인지 알다[모르다]

p.161

어떤 사실이나 방법에 대해 알고 있는지를 묻거나 대답할 때 사용한다.

These forms are used when asking or responding to a question about knowing a certain fact or method.

동사, 명사와 결합한다. These forms are added to verb stems or nouns.

	받침 X	받침 O
동사	가다 → 가**는지**	먹다 → 먹**는지**
명사	어디 → 어디**인지**	몇 명 → 몇 명**인지**

예) 영화가 몇 시에 시작하**는지 아세요**?

유진 씨가 왜 웃**는지 아세요**?

나나 씨가 왜 학교에 안 왔**는지 아세요**?

– 저도 왜 안 왔**는지 모르겠어요**.

저 사람이 누구**인지 아세요**?

줄리앙 씨가 몇 살**인지 몰라요**.

받침이 없는 의문사 뒤에 사용하는 '인지 알다[모르다]'의 경우 말할 때 줄여서 사용하는 경우가 많다.

When '인지 알다[모르다]' is followed by a noun that ends with a vowel, noun+'인지' often can be contracted.

예) 은행이 **어디인지(→ 어딘지)** 아세요?

저 사람 **누구인지(→ 누군지)** 아세요?

저도 **얼마인지(→ 얼만지)** 모르겠어요.

3. V-(으)려면

p.165

의도와 그에 따르는 조건을 나타낼 때 사용한다.

'-(으)려면' is used to indicate intention and is followed to by a clause regarding the condition under which the intention will occur.

동사와 결합한다. '-(으)려면' is added to verb stems.

받침 X	받침 O
가다 → 가**려면**	읽다 → 읽**으려면**

예) 서울대학교에 가**려면** 지하철 2호선을 타세요.

극장에서 좋은 자리에 앉**으려면** 일찍 예약해야 해요.

학교에 늦지 않**으려면** 택시를 타세요.

'-(으)려면'과 '-(으)면'(1권 15과)의 비교

Distinguishing '-(으)려면' from '-(으)면'(Level 1 Unit 15)

V-(으)려면	V-(으)면
• 의도를 나타내는 어미로 후행절에 의도를 실현하기 위한 행위나 조건을 기술하는 것이 일반적이다. 따라서 후행절에는 명령이나 당위 등을 나타내는 표현이 자주 사용된다. '-(으)려면' expresses intention. The following clause expresses, in general, the action or condition in order to achieve the intention. Therefore, this form is often followed by command or obligation. 예) 4호선을 타**려면** 사당역에서 갈아타세요. 한국어를 잘하**려면** 열심히 공부해야 돼요.	• 조건을 나타내는 어미로 후행절에 조건 충족의 결과를 기술하는 것이 일반적이다. '-(으)면' expresses condition, and it is generally followed by the result of having met the condition. 예) 4호선을 타**면** 사당역에 갈 수 있어요. 한국어를 잘하**면** 한국 회사에 취직할 수 있어요.

4. V-다가

p.166

어떤 동작이나 상태가 중간에 다른 것으로 바뀔 때 사용한다.

This form is used to indicate an interrupted action followed by another action.

동사와 결합한다. '-다가' is added to verb stems

받침 X	받침 O
보다 → 보**다가**	읽다 → 읽**다가**

예) 쭉 가**다가** 오른쪽으로 가세요.
피곤해서 숙제를 하**다가** 잤어요.
한참 걷**다가** 다리가 아파서 좀 쉬었어요.

선행절과 후행절의 주어가 같아야 한다.

The subject of the first clause and the final clause should be the same.

예) 나는 영화를 보다가 친구가 잤어요. (X)

주어의 행동 변화뿐만 아니라 외부 상태의 변화에 대해서도 사용할 수 있다.

This form can indicate not only a change in action by a subject, but also a change in external conditions.

예) 아까는 눈이 오**다가** 지금은 비가 온다.

'-다가'는 '-다'로 줄여 쓸 수 있다.

'-다가' can be contracted to '-다'.

예) 영화를 **보다가(→ 보다)** 잤어요.

1. A/V-겠-

p.182

말하는 당시의 상황이나 상태를 보고 추측하거나 추정하여 말할 때 쓴다.
'-겠-' indicates the speaker's supposition or conjecture based on the current situation or condition that the speaker is in.

형용사, 동사와 결합한다. '-겠-' is added to adjective stems or verb stems.

	받침 X	받침 O
형용사	크다 → 크**겠**어요	좋다 → 좋**겠**어요
동사	오다 → 오**겠**어요	듣다 → 듣**겠**어요

예) 이 옷은 마리코 씨에게 크**겠**어요.
방학에 고향에 가요.
– 와, 좋**겠**어요.
켈리 씨가 이 선물을 받으면 좋아하**겠**어요.
좀 조용히 하세요. 다른 사람이 듣**겠**어요.

과거의 일이나 주어의 동작이 완료된 것을 추측할 때는 '-았겠/었겠-'을 쓴다.
'-았겠/었겠-' is used for speculating about past events or a completed action of the subject.

예) 어제 손님이 많이 오셔서 정말 힘들**었겠**어요.
오전에 출발했으니까 지금쯤이면 부산에 도착**했겠**어요.

1인칭 주어와 쓰인 'V-겠-'의 경우 화자의 의도 또는 의지를 나타낸다.
When the subject of the sentence is first person, 'V-겠-' conveys strong intention to happen soon.

예) 늦어서 죄송합니다. 내일 꼭 일찍 오**겠**습니다.
올해는 담배를 꼭 끊**겠**어요.
지금부터 제 고향에 대해서 발표하**겠**습니다.

2. N 때문에

p.183

어떤 일의 원인이나 이유를 나타낸다.
'때문에' expresses a cause or reason.

명사와 함께 쓴다. '때문에' is used with nouns.

예) 시험 준비 **때문에** 어제 잠을 못 잤어요.
눈 **때문에** 길이 많이 막혀요.

'때문에'와 '(이)라서'(6과)의 비교
Distinguishing '때문에' from '(이)라서'(Unit 6)

N 때문에	N(이)라서
예) 눈이 많이 왔어요. 그래서 늦었어요. → 눈 **때문에** 늦었어요. (O) → 눈**이라서** 늦었어요. (X)	예) 오늘은 일요일이에요. 그래서 수업이 없어요. → 오늘은 일요일**이라서** 수업이 없어요. (O) → 오늘은 일요일 **때문에** 수업이 없어요. (X)

3. V-아/어 버리다

p.186

어떤 일의 결과가 화자에게 아쉬운 기분이 들게 하였거나 어떤 행위를 다 끝내서 부담을 덜게 되었음을 나타낸다.

'-아/어 버리다' is used to express that a speaker is relieved from burden by the completion of an action or somewhat dissatisfied with the result of an action.

동사와 결합한다. '-아/어 버리다' is added to verb stems.

ㅏ, ㅗ	하다	ㅓ, ㅜ, ㅣ…
가다 → **가 버리다**	하다 → **해 버리다**	먹다 → 먹**어 버리다**

예) 나나 씨가 아무 말도 없이 그냥 **가 버렸어요**.
비행기가 출발**해 버렸어요**.
민수 씨가 남은 음식을 다 먹**어 버렸어요**.
그 일을 다 끝**내 버려서** 마음이 편해요.

동사 '잊다', '잃다'와 결합한 '잊어버리다', '잃어버리다'의 경우 한 단어로 사용된다. 따라서 띄어쓰기를 하지 않는다.

'잊어버리다' and '잃어버리다' are regarded as one word.

예) 친구의 전화번호를 **잊어버렸어요**.
시장에서 지갑을 **잃어버렸어요**.

4. A/V-(으)ㄹ 때

p.187

어떤 행위나 상황이 계속되는 시간 또는 그런 일이 일어난 경우를 나타낸다.

'-(으)ㄹ 때' indicates the time when a certain action or situation continues.

형용사나 동사와 결합한다. '-(으)ㄹ 때' is added to adjective stems or verb stems.

	받침 X	받침 O
형용사	바쁘다 → 바**쁠 때**	많다 → 많**을 때**
동사	가다 → **갈 때**	읽다 → 읽**을 때**

예) 기분이 나**쁠 때** 신나는 음악을 듣는 게 좋아요.
시간이 많**을 때**는 여행을 자주 했어요.
노래**할 때**가 제일 즐거워요.

9과

1. A-(으)ㄴ데요, V-는데요, N인데요

p.204

어떤 사실을 전달하면서 청자의 반응을 기대할 때 사용한다.

These forms are used to convey a message when the speaker is expecting a certain reaction from the listener.

형용사, 동사, 명사와 결합한다. These forms are added to adjective stems, verb stems or nouns.

	받침 X	받침 O
형용사	크다 → 큰**데요**	작다 → 작은**데요**
동사	가다 → 가**는데요**	먹다 → 먹**는데요**
명사	친구 → 친구**인데요**	책 → 책**인데요**

예) 책값이 생각보다 좀 비**싼데요**.
이 정도면 잘 맞겠지요?
– 아니요, 좀 작을 것 같**은데요**.
매운 음식 잘 못 먹지요?
– 아니요, 잘 먹**는데요**.
저 사람 누구예요?
– 제 친구**인데요**.
여기는 언어교육원**인데요**.

'있다, 없다'로 끝나는 형용사, '–았/었–', '–겠–'은 '–는데요'와 결합한다.
Adjectives appended with '있다/없다', '–았/었–', '–겠–' can combine with '–는데요'.

예) 이 영화 재미있어요?
– 재미없**는데요**.
어제 날씨 추웠지요?
– 아니요, 따뜻했**는데요**.
일이 생각보다 빨리 끝나겠**는데요**.
– 그래요? 그럼 끝나고 커피 한잔 할까요?

2. V–는 중이다, N 중이다

p.205

어떤 일이 진행되고 있음을 나타낸다.
'–는 중이다', '중이다' indicate something is in progress.

동사와 결합한다. '–는 중이다' is used with verb stems.

받침 X	받침 O
가다 → 가는 **중이다**	먹다 → 먹는 **중이다**

예) 지금 뭐 해요?
– 저녁 식사를 준비하**는 중이에요**.
– 책을 읽**는 중이에요**.

명사와 함께 쓴다. '중이다' is used with nouns.

받침 X	받침 O
회의 → 회의 **중이다**	수업 → 수업 **중이다**

예) 지금 회의 **중입니다**.
수업 **중이니까** 조용히 하세요.

+ '중이다'는 앞에 오는 명사와 띄어 쓰는 것이 원칙이지만 표지판 등에서 붙여 쓰는 경우도 많다.
There should be space between N and '중이다', however, it is often written on sign boards without a space.

예) [회의중] [휴가중] [공사중]

+ '-는 중이다'와 '-고 있다'(1권 12과)의 비교
Distinguishing '-는 중이다' from '-고 있다'(Level 1 Unit 12)

V-는 중이다	V-고 있다
• 말하는 현재의 진행 동작을 나타내며 동작성이 없는 동사에는 사용할 수 없다. '-는 중이다' indicates an action is in progress and is exclusively used with verbs that express dynamic action. 예) 지금 숙제하**는 중이에요**. (O) 서울에 사**는 중이에요**. (X)	• 말하는 현재의 진행 동작뿐만 아니라 동작성이 없는 동사의 결과 지속에도 사용할 수 있다. '-고 있다' indicates not only progressive action but also a continuing result of non-dynamic action. 예) 지금 숙제하**고 있어요**. (O) 서울에 살**고 있어요**. (O)

3. A-(으)ㄴ가요?, V-나요?, N인가요?

p.209

의문을 나타낼 때 사용하며 '-아요/어요'보다 부드러운 느낌을 준다.
'-(으)ㄴ가요?, -나요?, 인가요?' are used when asking questions. Compared with '-아요/어요', these forms are more gentle.

형용사, 동사, 명사와 결합한다. These forms are added to adjective stems, verb stems or nouns.

	받침 X	받침 O
형용사	비싸다 → 비**싼가요**	좋다 → 좋**은가요**
동사	가다 → 가**나요**	먹다 → 먹**나요**
명사	친구 → 친구**인가요**	가방 → 가방**인가요**

예) 그 콘서트 표 값이 많이 비**싼가요**?
새로 이사한 집은 교통편이 좋**은가요**?
지금 그곳 날씨가 **추운가요**?
토요일에도 학교에 가**나요**?
매운 음식을 잘 먹**나요**?
마리코 씨는 한국 음식을 자주 만**드나요**?
두 사람이 친한 친구**인가요**?
이 가방은 민수 씨 가방**인가요**?

+ '있다, 없다'로 끝나는 형용사와 '-았/었-'은 '-나요'와 결합한다.
Adjectives appended with '있다/없다', '-았/었-' can combine with '-나요'.

예) 샤오밍 씨가 지금 집에 있**나요**?
그 책이 재미없**나요**?

어제 시험이 어**려웠나요**?
지난 주말에 어디에 **갔나요**?

4. N밖에

p.210

그것 이외에는 다른 가능성이나 선택의 여지가 없음을 나타낸다. '안, 못, 모르다, 없다' 등의 부정을 나타내는 말과 함께 쓴다.

'밖에' indicates that there is no other possibility or choice. It is used with negation such as '안, 못, 모르다, 없다'.

명사와 결합한다. '밖에' is added to nouns.

받침 X	받침 O
주스 → 주스**밖에**	이름 → 이름**밖에**

예) 냉장고에 주스**밖에** 없어요.
어제 공부를 조금**밖에** 못 했어요.
영화 시작 시간이 십 분**밖에** 안 남았어요.

'밖에'와 '만'(1권 11과)의 비교

Distinguishing '밖에' from '만'(Level 1 Unit 11)

N밖에	N만
• 부정을 나타내는 '안, 못, 없다, 모르다' 등과 함께 쓰이며 '만'과 비슷한 의미를 나타낸다. '밖에' is used exclusively with negation such as '안, 못, 없다, 모르다'. In this way, it has the same meaning as '만'. 예) 냉장고에 물**밖에** 없어요. (O) (= 냉장고에 물만 있어요.) 냉장고에 물**밖에** 있어요. (X)	• 긍정과 부정을 나타내는 문장에 모두 쓰일 수 있다. '만' is used with both negative and positive forms. 예) 냉장고에 물**만** 있어요. (O) / 냉장고에 물**만** 없어요. (O) 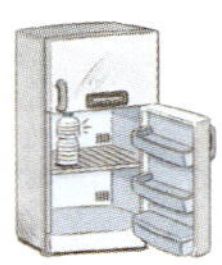 

문화 해설 Culture Extension

1과 한국 사람의 이름 Korean names

p.41

Q 한국에서 가장 많은 성은 무엇입니까?

What is the most common last name in Korea?

A 한국에는 현재 약 250개의 성이 사용되고 있으며 가장 흔한 성은 '김, 이, 박, 최' 순입니다. 한국 사람의 이름은 성이 앞에 오고 이름이 뒤에 오는데 보통 성은 한 음절, 이름은 두 음절로 이루어진 경우가 가장 많습니다.

About 250 surnames are currently used in Korea. The most common last names are Kim, Yi, Park, and Choi, respectively. In the Korean name system, a person's last name is followed by their first name. Typically, a last name consists of one syllable and a first name consists of two syllables.

Q 한국에서 결혼을 하면 성이 바뀝니까?

Do Koreans change their last names when they get married?

A 한국에서는 결혼해도 아내나 남편의 성이 바뀌지 않습니다. 자녀는 아버지의 성을 따르는 것이 일반적이지만 어머니의 성을 따를 수도 있습니다.

In Korea, married men and women keep their original last names. In general, children inherit the father's last name, but law allows for them to take the mother's last name under certain circumstances.

Q 가족의 이름이 비슷한 경우가 많은데 왜 그렇습니까?

Why do siblings' names share a syllable?

A 예전에는 성과 본에 따라 정해진 돌림자를 반드시 사용했습니다. 그래서 형제들의 이름 중 한 글자가 같은 경우가 대부분이었습니다. 요즘은 돌림자 사용이 점점 줄어든 반면 정해진 돌림과 상관없이 형제의 이름 중 한 글자를 같은 자로 정해 가족 간의 유대감을 높여 주는 경우도 많습니다.

Traditionally, Korean parents used a '돌림자', or 'rotation syllable', which was determined by their family name and clan, in their children's names. Even today, many siblings have one syllable of their names in common. While this tradition has been fading, many parents still choose one common syllable for use in all of their children's names to strengthen the family bond.

2과 동호회 Clubs in Korea

p.64

Q 동호회는 동아리와 다릅니까?

Is '동호회' different from '동아리'?

A 다르지 않습니다. 동호회는 자원봉사, 취미, 종교, 정치, 경제 등 공통의 관심사나 목표를 가진 사람들의 모임으로 대학에서는 동호회 대신 동아리라는 말을 많이 사용하고 있습니다.

No, they are the same. '동호회' means a club for people with the same interest or purpose such as volunteer service, hobby, religion, politics, economy, etc. The term '동아리' is more often used in college.

Q 한국에는 동호회 활동을 하는 사람이 많습니까?

Are there many people joined club in Korea?

A 거의 대부분의 한국 사람들이 한 개 이상의 동호회에서 활동하고 있습니다. 한국의 동호회 활동은 인터넷 커뮤니티를 통해 활발하게 운영되며 이 외에도 직장, 학교, 지역 등의 구성원을 중심으로 모인 동호회도 활성화되어 있습니다.

Most Koreans are involved in at least one or more clubs. Korea's club movements are being actively operated through online communities. Some clubs are formed within workplaces, schools or on a regional basis.

3과 한류 The Korean Wave p.86

Q 한류가 무엇입니까?

What is the 'Korean Wave'?

A 한류는 1990년대 말부터 동남아시아에서 시작된 한국 대중문화의 열풍 현상을 말합니다. 드라마와 영화의 수출, 가수의 진출 등으로 시작된 한국 문화에 대한 관심이 2000년대에 들어 더욱 높아졌습니다. '한류'라는 말은 중국에서 일고 있는 한국 문화에 대한 열풍을 표현하기 위해 중국 언론이 2000년에 처음 사용한 말로 지금은 세계 여러 나라에서 널리 사용되고 있습니다. 최근에는 동남아시아를 넘어 전 세계적으로 한류가 알려지고 있으며 '한류 스타'라는 말까지 생겨났습니다.

The Korean Wave refers the phenomenon of the Korean pop culture craze that began sweeping across South East Asia from the late 1990s. This trend began with the export of Korean dramas, movies, and pop music. Interest in Korean popular cultural exports has seen a sharp rise from the year 2000 on. The term 'Korean Wave' was coined by the Chinese media to express the growing popularity of Korean culture in China. Now this term is being used in many countries worldwide. Recently, Korean entertainment and culture has stretched beyond South East Asia to the rest of the world. Some people now even use the term 'Korean Wave Star'.

4과 한국의 유명한 시장 Famous markets in Korea p.108

Q 한국에서 외국인 관광객들이 많이 가는 시장은 어디입니까?

Which markets in Korea are visited most by foreign tourists?

A 한국에서 외국인 관광객들이 제일 많이 가는 시장은 서울 동대문에 있는 동대문시장입니다. 동대문시장은 주로 의류를 많이 팔고 있으며, 24시간 영업하는 곳도 많기 때문에 밤에도 관광객이 많습니다. 명동 근처에 있는 남대문시장도 유명한데 남대문시장에서는 의류뿐만 아니라 인삼, 김, 버섯 등의 토산품과 안경, 그릇, 카메라 등 다양한 물건도 구입할 수 있습니다. 남대문시장 역시 24시간 영업하는 곳이 많기 때문에 밤에도 쇼핑을 할 수 있습니다.

Dongdaemun market, specializing in clothing and other fashion items, is the most popular shopping district among foreign visitors. Since many of the shopping malls are open 24 hours, Dongdaemun serves as a huge attraction to tourists. Namdaemun market, which is located near Myeong-dong, is another popular shopping spot in Seoul. You can obtain every imaginable product, including clothing, eyeglasses, kitchenware, cameras, local products such as ginseng, dried seaweed, and mushrooms. Many stores in Namdaemum market stay open 24 hours a day, so you can shop there even at night.

Q 노량진 수산 시장처럼 특정 품목의 물건만 전문적으로 파는 시장에는 어떤 것이 있습니까?

Are there other markets specializing in selling only certain items, like Noryangjin Fisheries Wholesale Market?

A 양재동 꽃 시장, 제기동 한약재 시장, 가락동 청과물 시장, 금산 인삼 시장 등 다양한 전문 시장이 있습니다. 물건도 많고 값도 싸기 때문에 사람들이 많이 찾습니다.

There are many markets specializing in a certain item such as Yangjae-dong flower market, Jegi-dong oriental medicine herb market, Garak-dong fruit market, and Geumsan ginseng market. These markets attract customers due to cheaper prices and larger quantities of goods.

5과 한국의 숙박 시설 Lodging facilities in Korea p.130

Q 한국의 숙박 시설에는 어떤 것들이 있습니까?

What lodging accommodations are available in Korea?

A 한국의 숙박 시설은 호텔, 콘도, 펜션, 게스트하우스, 민박 등이 있습니다. 콘도는 회원제로 운영되는 것이 특징입니다. 펜션은 가정집의 분위기를 느낄 수 있도록 한 소규모 숙박 시설이고 게스트하우스는 간단한 편의 시설이 갖추어져 있는 가격이 저렴한 숙소를 말합니다. 최근에는 한옥을 숙박 시설로 사용하여 한국의 전통문화를 직접 체험할 수 있도록 하는 곳이 늘어나고 있습니다. 특히 안동에는 오래된 한옥을 숙박 시설로 개방하는 곳이 많은데 직접 한옥에서 전통 생활을 경험할 수 있어 한국인이나 외국인 모두에게 인기가 많습니다.

Lodging facilities in Korea include hotels, condominiums, pensions, guesthouses, and homestays. Condominiums are operated on a membership basis. A boardinghouse is a smaller-scale facility with a family atmosphere. A guesthouse offers basic amenities at a modest expense. In recent years there has been an increase in the use of traditional Korean houses as lodging facilities, enabling guests to experience traditional Korean culture firsthand. In Andong, some old Korean traditional houses are now being utilized for this purpose and are proving popular with both native Koreans and foreign travelers.

6과 한국의 우체국 Post office in Korea p.152

Q 한국의 우체국에서는 어떤 일을 합니까?

What services are available at post offices in Korea?

A 한국의 우체국은 우편, 체신 업무뿐만 아니라 예금, 대출, 보험 등의 금융 사업과 공과금 수납을 취급하고 있습니다. 또한 지방 특산물을 가정으로 배달해 주는 우편 주문 판매도 하고 있어 이용하는 사람이 많습니다.

Post offices offer not only postal service but financial services such as banking, loan, and insurance as well as bill paying services. In addition, many people use a regional product ordering service run by the post office.

Q 우체국 업무 시간은 몇 시부터 몇 시까지입니까?

What are the business hours of post offices?

A 우체국의 업무 시간은 아침 9시부터 오후 6시까지이며 주말과 공휴일은 문을 열지 않습니다. 그러나 명동에 있는 중앙우체국 등 일부 우체국은 토요일에도 업무를 하고 있습니다.

Post offices are open weekdays from 9 a.m. to 6 p.m. and closed on weekends and national holidays. However, the main office in Myeong-dong and some other offices are open on Saturday.

Q 한국 우체국의 상징인 제비는 어떤 의미가 있습니까?

What does the 'swallow', the symbol of the Korean post office, mean?

A 제비는 예로부터 반가운 소식을 전해주는 길조로 여겨지고 있습니다. 또한 빠르게 날 수 있어서 배달의 신속성을 상징하기도 합니다.

Traditionally, the swallow has been considered a bird of good luck which brings good news. As a symbol of the post office, the swallow represents speedy, reliable, and safe delivery.

7과 한국의 길 이름 Street names in Korea p.174

Q 세종대왕과 이순신은 어떤 사람입니까?

Who are King Sejong and Yi Sunsin?

A 세종대왕은 조선 왕조 제4대 왕으로 훈민정음(한글)을 창제하고 측우기, 물시계 등의 과학 기구를 제작하여 사람들의 생활을 편리하게 하였습니다. 또 국토를 확장하고 정치 · 경제 · 문화 · 국방 면에 훌륭한 치적을 쌓은 왕입니다. 이순신은 조선 시대 임진왜란 때 일본군을 물리치는 데 큰 공을 세운 명장입니다. 세종대왕과 이순신은 모두 한국 사람들이 매우 존경하는 인물입니다.

King Sejong was the fourth king of the Joseon Dynasty and the creator of the Korean language (Hunminjeongeum). He improved people's lives by developing scientific instruments such as a rain gauge and a water clock. During his reign, he expanded the country's territory and made great contributions in the areas of politics, economy, culture, and national defense. Yi Sunsin was a famous general who defeated the Japanese in the Imjin War during the Joseon Dynasty era. Both King Sejong and General Yi Sunsin are widely respected by the Korean people.

Q '세종대로'나 '충무로' 이외에도 유명한 사람을 기념하기 위해 만든 길이 있습니까?

Beside Sejong-daero and Chungmu-ro, are there other roads that commendorate famous people?

A 고구려의 명장 을지문덕을 기념하는 '을지로', 조선 시대 유명한 철학자인 이이와 이황 선생을 기념하는 '율곡로', '퇴계로', 독립운동가 백범 김구 선생을 기념하는 '백범로' 등이 있습니다.

Euljiro is named after Goguryeo's famous general, Euljimundeok. Yulgongno and Toegye-ro are named after Yi I and Yi Hwang, respectively, who were famous philosophers of the Joseon Dynasty. Also, Baekbeom Kim Gu, famous for his role in the national liberation movement, is the namesake for Baekbeomno.

8과 감사 인사 Expressing appreciation p.195

Q 한국 사람들에게 선물을 하면 "뭘 이런 걸 다 가지고 오셨어요?"라든지 "왜 이런 걸 사 오셨어요?"라고 말하는 이유는 무엇입니까?

Why do Korean people say, "You shouldn't have." or "Why did you do that?" when receiving gifts?

A 한국에서는 손님이 선물을 가지고 왔을 때 "뭘 이런 걸 다 가지고 오셨어요?"라고 하거나 경조사 등으로 인사를 하러 온 사람에게 "바쁘신데 어떻게 오셨어요?"라고 말합니다. 이러한 표현은 이유를 묻는 질문이 아니라 상대방에게 고마움을 공손하게 표현하는 인사말입니다.

In Korea, one might say, "Why did you bring this?" when a guest brings a present. One might also say, "How did you come here with your busy schedule?" when a guest is paying respects on a happy or sad occasion. These expressions are not meant to be inquisitive, but rather they convey a sincere gratitude to the guest.

9과 한국의 안내 전화 Telephone information directories in Korea p.218

Q 1330은 어떤 전화입니까?

What is the number 1330 for?

A 1330은 관광 안내 전화입니다. 이곳에서는 전문 관광 안내원이 관광지, 교통, 숙박, 쇼핑, 축제, 행사 등 관광에 필요한 모든 정보를 상세히 안내하고 있습니다. 영어, 일본어, 중국어 등으로도 안내받을 수 있으며 24시간 연중무휴로 운영됩니다. 관광 정보 안내뿐만 아니라 외국인 관광객의 언어 불편 해소를 위한 관광 통역 서비스도 제공하고 있습니다.

The phone line 1330 is designated for tourist information. Here, professional tour guides assist people with all phases of travel including tourist destinations, transportation, lodging, shopping, festivals and events. One can receive information in several languages including English, Japanese, or Chinese, and the line is open 24 hours a day, 365 days a year. Translation service is also provided to tourists in need of it.

Q 생활 정보와 관련된 전화는 또 어떤 것들이 있습니까?

What phone numbers relate to information about daily life?

A 131이나 120 등도 생활 정보와 관련된 전화입니다. 131은 날씨 정보를 알려 주는 전화로 오늘의 날씨와 주간 날씨를 도시별로 알려줍니다. 120은 서울시 관련 민원이나 교통, 시정 일반, 문화 행사 등 궁금한 사항을 안내하거나 상담하는 서비스입니다. 또한 문자를 통한 문자 상담과 청각장애인을 위한 수화 · 메신저 상담 서비스, 외국인을 위한 통역 서비스를 제공하고 있습니다.

The numbers 131, 120 are all phone lines that assist with daily life. 131 provides the weather information such as today's weather conditions and the week's weather forecasts for each city. 120 is designed to inform the citizens of transportation, the municipal government's general information or cultural events in the city of Seoul. It also provides texting services, text messaging for the hearing impaired, and an interpreting service for foreigners.

듣기 지문 Listening Script

1과 듣기

듣기 1
track 08 p.36

남 여보세요, 나나 씨 휴대폰이지요?
여 네, 그런데요.
남 안녕하세요? 정우 아시지요?
저는 정우 친구 에드라고 합니다.
여 아, 네. 안녕하세요?
남 지금 전화 괜찮으세요?
여 네, 말씀하세요.
남 이번 토요일에 시간 있으세요?
여 오전에는 일이 있지만 오후에는 괜찮아요.
남 그럼 토요일 오후에 만날까요? 어디가 좋으세요?
여 강남역 어떠세요?
남 네, 좋아요. 그럼 2시에 강남역에서 만날까요?
여 네, 그럼 그때 뵙겠습니다.

듣기 2
track 09 p.36

남 저… 나나 씨 맞으세요?
여 아, 에드 씨세요?
남 네, 처음 뵙겠습니다. 많이 기다리셨어요?
여 아니에요. 저도 방금 왔어요.
남 만나서 반갑습니다, 나나 씨.
정우한테서 이야기 많이 들었어요.
여 네, 저도 반가워요.
실례지만 에드 씨는 무슨 일을 하세요?
남 저는 회사에 다녀요. 나나 씨는요?
여 저는 서울대학교에서 한국어를 공부하고 있어요.
내년에 대학교에 들어가려고 해요.
에드 씨는 어디 사세요?
남 서초동에 살아요. 나나 씨는 집이 학교에서 가까워요?
여 네, 걸어서 갈 수 있어요.
에드 씨는 주말에 보통 뭘 하세요?
남 영화를 보거나 책을 읽어요.
여 저도 영화를 자주 봐요.
에드 씨는 어떤 영화를 좋아하세요?
남 코미디 영화를 좋아해요.
다음에 시간이 있으면 같이 봐요.

2과 듣기

듣기 1
track 18 p.58

여 줄리앙 씨는 취미가 뭐예요?
남 저는 등산하는 걸 좋아해요. 켈리 씨는요?
여 전 특별한 취미는 없어요. 시간이 있으면 보통 인터넷 게임을 하거나 영화를 봐요.
남 운동하는 건 안 좋아해요?
여 좋아하지만 한국에 와서는 자주 못 하고 있어요.
남 그럼 이번 주 토요일에 시간 있으면 같이 관악산에 가요.
여 좋아요. 그런데 관악산은 힘들지 않아요?
남 아니요, 관악산은 별로 높지 않아서 괜찮아요. 두 시간쯤 걸려요.
여 좋아요. 그럼 토요일에 봐요.

듣기 2
track 19 p.58

여 민수 씨, 이번 주말에 뭐 해요? 시간이 있으면 같이 영화 봐요.
남 아, 미안해요, 유진 씨. 저는 이번 일요일에 기타 동호회에 가요.
여 기타 동호회요? 와, 민수 씨 기타 잘 쳐요?
남 아니요, 조금 칠 줄 알아요. 관심 있으면 유진 씨도 같이 가요.
여 저도 가고 싶지만 기타를 칠 줄 몰라요.
남 괜찮아요. 저도 동호회에서 처음 배웠어요. 가면 좋은 친구들도 만날 수 있어요.
여 그럼 같이 가요. 그런데 그 기타 동호회 이름이 뭐예요?
남 '소리사랑'이에요.
여 일요일 몇 시에 모여요?
남 오후 2시에 강남역 앞에 있는 연습실에서 모여요.
여 모임에 오는 사람이 많아요?
남 보통 열다섯 명쯤 와요. 아, 그리고 회비는 한 달에 만 원이에요.
여 알겠어요. 그럼 일요일에 만나요.

3과 듣기

듣기 1
track 29 p.81

여 여보세요. 정우 씨? 저 마리코예요.

남 네. 마리코 씨, 안녕하세요? 무슨 일이세요?

여 친구들과 주말에 서울 구경을 하려고 하는데 어디가 좋아요?

남 음, 여의도공원 가 봤어요?

여 여의도공원요? 아니요, 아직 못 가 봤어요.

남 여의도에 있는 큰 공원인데 공원 안에서 자전거도 탈 수 있고 거기서 한강까지 걸어갈 수 있어요. 한강에 가면 배를 한번 타 보세요. 한강 경치가 아주 아름다워요.

여 거기가 좋겠네요. 고마워요.

남 그럼 주말 잘 보내세요.

듣기 2

track 30 p.81

남 마리코 씨, 주말 잘 보냈어요?

여 네, 여의도공원에 갔다 왔는데 친구들이 아주 좋아했어요.

남 아, 그래요? 여의도공원에서 뭘 했어요?

여 자전거도 타고 산책도 했어요.
그리고 가까운 63빌딩에 가서 저녁을 먹었어요.

남 한강에서 배는 안 탔어요?

여 네, 한 시간 동안 기다려야 해서 안 타고 그냥 한강 구경만 했어요.

남 다음에 다른 곳도 소개해 줄게요.
서울에 재미있는 곳이 많아요.

여 네, 고마워요.

4과 듣기

듣기 1

track 38 p.102

직원 네, 서울백화점입니다.

손님 옷을 좀 교환하려고 하는데 어떻게 해야 해요?

직원 네, 손님. 어떤 옷입니까?

손님 아이 옷인데 좀 작아서 큰 거로 바꾸려고요.

직원 언제 사셨습니까?

손님 선물받은 거여서 잘 모르겠어요.

직원 아, 그럼 한번 가지고 나와 보세요.

손님 네, 알겠습니다.

듣기 2

track 39 p.102

점원 어서 오세요.

손님 옷을 좀 바꾸려고 왔어요.
선물받아서 영수증이 없는데 괜찮아요?

점원 네, 괜찮습니다. 옷이 마음에 안 드세요?

손님 아니요, 디자인은 마음에 들어요.
그런데 사이즈가 좀 작아요.

점원 아이가 몇 살이지요?

손님 네 살이에요.

점원 그럼 큰 사이즈로 바꿔 드릴게요.
이거 괜찮으세요?

손님 네, 좋아요. 이거로 주세요.

점원 뭐 더 필요한 것은 없으세요?

손님 네, 없어요. 감사합니다.

점원 안녕히 가세요.

5과 듣기

듣기 1

track 48 p.124

여 네, 한국호텔입니다. 뭘 도와드릴까요?

남 예약 좀 하려고 하는데 이번 주 토요일에 방이 있습니까?

여 네, 있습니다. 며칠 동안 계실 겁니까?

남 토요일부터 월요일까지 있을 거예요.
요금이 얼마예요?

여 아침 식사 포함해서 1박에 16만 원입니다.
예약하시겠습니까?

남 생각해 보고 나서 다시 전화드리겠습니다.

여 네, 감사합니다.

듣기 2

track 49 p.124

직원 네, 세계여행사입니다.

손님 베이징에 가는 비행기 표를 예약하고 싶은데 5일에 출발하는 표가 있습니까?

직원 죄송하지만 5일은 표가 없는데요.

손님 아, 그래요? 그러면 6일에는 자리가 있습니까?

직원 네, 오후 2시에 있습니다.
6일로 예약해 드릴까요?

손님 네, 예약해 주세요. 그런데 왕복 요금이 얼마지요?

직원 42만 원입니다. 왕복으로 예약하시겠어요?

손님 네, 10일 오전에 돌아오는 표로 예약하고 싶어요.

직원 오전 9시 출발인데 괜찮으세요?

손님 네, 좋아요.

직원 6일 오후 2시 인천 출발, 돌아오는 표는 10일 오전 9시 베이징 출발입니다. 맞으십니까?

손님 네, 맞아요.

직원 성함과 연락처를 말씀해 주세요.

손님 스도 아키라, 전화번호는 010-0880-5488입니다.

직원 네, 예약되었습니다. 감사합니다.

6과 듣기

듣기 1

track 59 p.147

켈리 여보세요?

택배 기사 네, 제일택배입니다. 켈리 씨 맞으세요?

켈리 네, 전데요. 무슨 일이세요?

택배 기사 켈리 씨 앞으로 택배가 와서 오늘 오후에 방문하려고 합니다.

켈리 아, 저는 오후에 집에 없으니까 경비실에 맡겨 주세요.

택배 기사 네, 그럼 경비실에 맡기고 나서 이 전화번호로 문자드리겠습니다.

켈리 네, 감사합니다.

듣기 2

track 60 p.147

택배 기사 안녕하십니까? 제일택배입니다.

나나 택배 신청 좀 하려고 전화드렸습니다. 오늘 택배를 보낼 수 있을까요?

택배 기사 죄송하지만 오늘은 시간이 늦어서 방문이 어렵습니다.

나나 그럼 내일 오전은요?

택배 기사 내일은 휴일이라서 안 되고 모레 오전에 방문할 수 있습니다.

나나 그럼 그때 와 주세요.

택배 기사 네, 모레 오전 10시에 가겠습니다.
주소 좀 말씀해 주세요.

나나 관악구 관악로 1이에요.
1층으로 오시면 돼요.

택배 기사 어디로 보내실 겁니까?

나나 춘천으로 보낼 거예요.

택배 기사 보내시는 물건은 모두 몇 개입니까?

나나 박스 2개예요.
하나는 책이고 하나는 옷이에요.

택배 기사 네, 그럼 모레 뵙겠습니다.
이용해 주셔서 감사합니다.

7과 듣기

듣기 1

track 70 p.169

손님 아저씨, 서울대학교로 가 주세요.

기사 서울대학교 안으로 들어가세요?

손님 네, 들어가서 좌회전해 주세요.

기사 알겠습니다. 어디에서 세워 드릴까요?

손님 언어교육원 앞에서 세워 주세요.

듣기 2

track 71 p.169

기사 어서 오세요.

손님 아저씨, 시청으로 가 주세요.
그런데 지금 길이 많이 막힐까요?

기사 퇴근 시간이 아니니까 괜찮을 거예요.

손님 네, 중요한 약속이 있어서 20분 안에 꼭 도착해야 돼요.

***(교통 방송)** 57분 교통정보입니다. 시청 앞 사고 때문에 시청으로 가는 길이 많이 막힙니다. 시청 쪽으로 가시는 분들은 다른 길로 돌아가시는 게 좋겠습니다.

기사 손님, 사고 때문에 20분 안에 도착 못 할 것 같은데요.

손님 그래요? 그럼 가다가 가까운 지하철역 앞에서 세워 주세요.

기사 네, 조금만 가면 지하철역이니까 거기에 세워 드릴게요.

손님 감사합니다.

8과 듣기

듣기 1

track 80 p.190

남 마리코 씨, 무슨 좋은 일 있어요?

여 네. 내일 제가 제일 좋아하는 배우, 유민호 씨를 보러 방송국에 가요.

남 아, 그래요? 무슨 일로요?

여 방송국에서 일하는 친구가 인터뷰를 하는데 구경하러 가는 거예요.

남 정말 좋겠네요.

여 네, 너무 좋아서 오늘 잠도 못 잘 것 같아요.

듣기 2

track 81 p.190

여 안녕하십니까? 바쁘신데 이렇게 시간을 내 주셔서 감사합니다.

남 네, 안녕하세요.

여 유민호 씨는 요즘 영화와 드라마 때문에 아주 바쁘신데 힘들지는 않으십니까?

남 조금 힘들지만 팬들이 좋아해 주시니까 행복합니다.

여 일이 많으면 스트레스도 많을 것 같은데 그럴 때는 어떻게 하십니까?

남 팬들이 보내 주신 편지를 읽거나 운동을 합니다.

여 시간이 나면 해 보고 싶은 일이 있으세요?

남 여행을 하고 싶어요. 일 때문에 여행 다닐 시간이 전혀 없어요.

여 끝으로 팬들에게 하고 싶은 말씀 있으세요?

남 네, 항상 사랑해 주셔서 정말 감사합니다. 앞으로도 계속 열심히 하겠습니다.

여 팬들이 이 인터뷰를 들으면 정말 좋아하겠네요. 오늘 인터뷰 감사합니다.

9과 듣기

듣기 1

track 91 p.213

자, 여러분 오늘 방송도 잘 들으셨나요? 내일은 목요일인데요, 매주 목요일에는 즐거운 생생 퀴즈쇼가 있는 거 알고 계시죠? 저희 퀴즈쇼는 한국에 사는 외국인들이 참가하실 수 있습니다. 한국 문화와 한국 생활을 문제로 알아보는 시간, 퀴즈쇼에 참가하실 분은 홈페이지 게시판에 신청해 주세요. 그럼, 내일 이 시간에 또 뵙겠습니다.

듣기 2

track 92 p.213

진행자 자, 생생 퀴즈쇼 시간입니다. 오늘도 많은 분들이 신청해 주셨는데요, 한번 통화해 보겠습니다. 여보세요? 먼저 자기소개 부탁드립니다.

켈리 안녕하세요? 저는 신림동에 사는 켈리라고 합니다. 호주에서 왔습니다.

진행자 켈리 씨, 반갑습니다. 켈리 씨는 한국에서 무슨 일을 하시나요?

켈리 대학에서 한국학을 공부하고 있습니다.

진행자 아, 그러세요. 그래서 한국말을 이렇게 잘하시는군요. 자, 그럼 문제 드립니다. 준비되셨나요?

켈리 네.

진행자 잘 듣고 대답해 주세요. 한국 생활 문제입니다. 집에 혼자 있는데 많이 아픕니다. 병원에 빨리 가야 하는데 도와줄 사람도 없습니다. 이럴 때는 어디에 전화하면 됩니까? 1번 114, 2번 119, 3번 131. 자, 답은 몇 번인가요?

켈리 2번 119요.

진행자 2번 119. 네, 맞습니다. 문제가 좀 쉬웠죠? 두 번째 문제까지 잘하시면 작은 선물을 드립니다. 이번에는 한국 문화 문제입니다. 이것은 한국의 전통 음악인데요, 네 가지 악기를 가지고 합니다. 이것은 무엇입니까?

켈리 저, 사물놀이 아닌가요?

진행자 네, 맞았습니다. 축하합니다. 켈리 씨께 작은 선물을 보내 드리겠습니다. 전화 끊지 마시고 주소를 말씀해 주세요.

켈리 네, 감사합니다.

모범 답안 Answer Key

1과

듣고 말하기 p.36

1. 2(두), 강남역

2. 1) ② 2) ①, ②

읽고 쓰기 p.39

1) 스페인어 연습을 도와줄 사람을 찾으려고

2) ②

2과

듣고 말하기 p.58

1. ③

2. 1) ①

2)

동호회 이름	소리사랑
모임 시간	일요일 오후 2시
회비	10,000원

읽고 쓰기 p.61

1) 드라마에서 본 한국 음식을 만들어 보고 싶어서

2) ③

3과

듣고 말하기 p.81

1. ①, ②

2. 1) ③ 2) ①

읽고 쓰기 p.83

1) ② 2) ①

4과

듣고 말하기 p.102

1. ③ 2. 1) ①

읽고 쓰기 p.105

1) ①

2)

시장	인터넷 쇼핑
• 여러 가지 물건을 구경할 수 있어요.	• 시간을 절약할 수 있어요.
• 한국말 연습을 할 수 있어요.	• 직접 가서 사는 것보다 더 싸요.

5과

듣고 말하기 p.124

1. ③

2.

여행 가는 사람	아키라
여행지	베이징
한국 출발 날짜	6일
한국 도착 날짜	10일
왕복 요금	42만 원

읽고 쓰기 p.127

1) ①, ②, ④

2) 아시아와 유럽 사이에 있어서 동양과 서양의 역사와 문화를 모두 느낄 수 있는 곳

6과

듣고 말하기 p.147

1. ③

2. 1) ③

2) 보내실 물건

품명	(책, 옷)	수량	(2) 개

읽고 쓰기 p.150

1) ① 2) ①

7과

듣고 말하기 p.169

1. 가 주세요, 세워 주세요

2. 1) 시청

2) ③

읽고 쓰기 p.172

1) ①

2) ①

8과

듣고 말하기 p.190

1. ③

2. 1) ③

읽고 쓰기 p.193

1) 가족이 보고 싶을 때

2) ②, ③

9과

듣고 말하기 p.213

1. ③

2. 1) ①, ②

2) 사물놀이

읽고 쓰기 p.216

1) ②

2) ①, ②

어휘 색인 Glossary

ㄱ

가격	price	93
가끔	sometimes	27
가이드	guide	126
가입하다	to join	56
가장	most	82
가져가다	to bring; to take	160
가져오다	to bring	143
가지고 가다	to bring; to take	129
간판	store sign	152
감독	director	82
갑자기	suddenly	215
갔다 오다	to have gone (somewhere)	74
개월	month	71
거리	distance	118
거제도	an island in Korea	123
걱정되다	to be worried	181
건강하다	to be healthy	99
건너다[건너가다]	to cross	159
건축물	architecture	126
걸어오다	to come on foot	171
게스트하우스	guest house	130
경복궁	a palace in Seoul	167
경비실	security office	147
경험	experience	86
경희궁	a palace in Seoul	212
고장이 나다	to break down	185
고추장	red pepper paste	109
공사	construction	206
공연	performance	118
공연장	performance hall	70
관심	interest	38
광장	square	174
교통사고가 나다	to have a traffic accident	184
교통편	transportation	114
교환하다	to exchange	101
국립국악원	National Gugak Center	207
국립극장	The National Theater of Korea	207
국악	Korean classical music	207
국적	nationality	26
국제	international	76
굽이 높다	(shoe) heels are high	100
궁금하다	to be curious	215
귀국 날짜	return date	115
그냥	just	30
그림을 그리다	to draw a picture	48
근처	vicinity	163
글쎄요	Well, I'm not sure	80
글자	letter	41
기간	period	114, 203
기념하다	to commemorate	174
기분이 나쁘다	to be upset; to be unhappy	180
기분이 좋다	to feel good	180
기쁘다	to be happy	180
기억에 남다	to remain in one's memory	82
긴장되다	to be nervous	181
길다	to be long	93
길이	length	93
길이 막히다	to have heavy traffic	139
김치박물관	Kimchi Museum	207
꼭	surely	79
꽃집	flower shop	153
끼다	to wear (gloves, glasses)	92

ㄴ

나가다	to go out	159
나오다	to appear; to come out	167
낙타	camel	84
낚시	fishing	48
남다	to be left (over)	210
내려가다	to go down	173
내리다	to go down	145
내용	content	95
넘어지다	to fall	188
넣다	to put	109
넥타이	tie	92
년	year	71
노량진	a place in Seoul	108
노트북	laptop computer	185
놀이공원	amusement park	70
놓치다	to miss	188
느끼다	to feel	118

ㄷ

ㄹ

ㅁ

ㅂ

박	number of nights for a period of stay	119
박물관	museum	70
발표하다	to have a presentation	40
밝다	to be bright	93
방문하다	to visit	147
방법	way	120
방송국	broadcasting station	190
배낭여행	backpacking	70
배우	actor	82
배치 시험	placement test	149
버스 정류장	bus stop	158
번지 점프	bungee jumping	70
벌써	already	143
벚꽃	cherry blossoms	76
별로	(not) particularly	49
보건소	(public) health center	173
봉투에 넣다	to put something in an envelope	136
(노래를) 부르다	to sing (a song)	142
뵙다	to meet (humble expression)	30
(이름을) 부르다	to call (a name)	28
부석사	a temple in Korea	123
부탁하다	to ask someone for a favor	206
분	minute	71
분위기	atmosphere	130
불꽃놀이	fireworks	70
블라우스	blouse	92
블로그	blog	60
비슷하다	to be similar	41
비싸다	to be expensive	93
비즈니스석	business class	115
빈방	vacancy	124
빌려주다	to lend	76
빠르다	to be fast	142
빨간색	red	152
빼다	to leave out; to exclude	41
뽑다	to choose	151

ㅅ

사 가다	to buy and bring	195
사 오다	to buy and bring	33
사거리	4-way intersection	158
사고가 나다	to have an accident	169
사막	desert	74
사물놀이	samullori; Korean traditional percussion quartet	70
사이	gap; between	126
사이즈	size	93
사진을 찍다	to take a photo	48
사흘	three days	75
상담원	operator	215
상영	screening	208
상을 받다	to win an award	86
상자	box	141
새	bird	152
색깔	color	93
생각(이) 나다	to come into one's mind	187
생각하다	to think	121
생년월일	date of birth	26
생선회	raw fish	74
서두르다	to hurry	142
서비스	service	215
서양	the West	126
설명하다	to explain	195
성	last name	41
성명	full name	26
성별	sex; gender	26
세우다	to stop	159
소설책	novel	34
소식	news	152
소포를 포장하다	to wrap a package	136
속상하다	to feel awful	180
송금	wire transfer	137
수량	quantity	148
수산 시장	fisheries wholesale market	108
숙박비	room charge	114
숙소	accommodation	114
스웨터	sweater	92
스카프	scarf	92
스쿠버 다이빙	scuba diving	70
스트레스를 받다	to get stressed	183
스트레스를 풀다	to release stress	192
스페인어	Spanish	38
슬프다	to be sad	180
시간	time	71

ㅇ

ㅈ

ㅊ

ㅋ

ㅌ

ㅍ

ㅎ

집필 Authors

최은규 Choi Eunkyu

서울대학교 국어국문학과 박사
Seoul National University, Ph.D. in Korean Language and Literature

서울대학교 언어교육원 한국어교육센터 대우부교수
Seoul National University, LEI Associate Professor

이정화 Lee Jeonghwa

이화여자대학교 국어국문학과 박사
Ewha Womans University, Ph.D. in Korean Language and Literature

서울대학교 언어교육원 한국어교육센터 대우조교수
Seoul National University, LEI Assistant Professor

조경윤 Cho Kyungyoon

한양대학교 국어국문학과 박사 과정 수료
Hanyang University, Ph.D. Candidate in Korean Language and Literature

서울대학교 언어교육원 한국어교육센터 대우전임강사
Seoul National University, LEI Full-time Instructor

이수정 Lee Sujeong

한국외국어대학교 국어국문학과 박사
Hankuk University of Foreign Studies, Ph.D. in Korean Language and Literature

서울대학교 언어교육원 한국어교육센터 대우전임강사
Seoul National University, LEI Full-time Instructor

번역 Translator

이소영 Lee Soyoung

이화여자대학교 교육공학과 박사
Ewha Womans University, Ph.D. in the Department of Educational Technology

서울대학교 언어교육원 한국어교육센터 대우전임강사
Seoul National University, LEI Full-time Instructor

번역 감수 Translation Editor

로버트 카루바 Robert Carrubba

서강대학교 국어국문학과 석사
Sogang University, M.A. in Korean Language and Literature

한국어 교육자 및 번역가
Korean Language Educator and Translator